^{warm-up}
ウォームアップ心理統計

村井潤一郎・柏木惠子 ［著］

補訂版

東京大学出版会

Beginner's Introduction to Psychological Statistics, Revised Edition
Jun'ichiro Murai and Keiko Kashiwagi
University of Tokyo Press, 2018
ISBN 978-4-13-012114-9

まえがき

　本書『ウォームアップ心理統計』は，心理統計に関する「**入門的読み物**」という位置づけで執筆したものです。世にある統計の入門書は，実際問題，まったく初めて学ぶ方にとっては，あまり有効には機能していないのではないかと思われるふしがあります。そうした本といきなり格闘して，挫折経験を味わったことのある方も多いのではないでしょうか。初学者の方が，今後きちんと心理統計を学んでいくのに先立ち，まず読み物のように通読できる心理統計の本が必要なのだと思います。次に入門書を読むための準備体操（ウォームアップ）として機能する本，まずは通読できる本，です。以下に，本書のコンセプトを3つの箇条書きにしてみます。

・「**橋渡しの本**」：心理統計についてまったく学んだことのない方，あるいは苦手意識を持っている方が，まず本書を読んでみることで，ほかの心理統計の入門書を読むための橋渡しになるような本。この本を通過点としてステップアップしてほしいと考えています。

・「**流れのよい本**」：初めて学ぶ人が学習する上でどうしてもひっかかってしまうような概念は，とりあえずは説明せず，まずは文章の流れのよさを優先させた本。計算もある程度は出てきますが，その計算過程も語りかけるように流れよく書かれた，物語のような本。短めのブックレット，リーフレットのような位置づけで，まずは最後まで読めるように工夫した本。

・「**心理学研究にいざなう本**」：統計を用いた心理学研究を実際にやってみたいなと思っていただくための本。そのため，各章末には柏木の手による「章末エッセイ」を設け，実際の心理学研究に興味を持っていただけるよう工夫しました。また本文では，実際の心理学研究にいざなうために，ソフトウェアの出力もあえて掲載してあります。

i

以上のような工夫をした本書です。まずは，読み通していただけたらと思います。一度は勉強してみたがどうも分かったような気がしないという方，あるいは，もう一度自分のペースで復習したい方にも向いていると思います。なお，「あとがき」にも本書のコンセプトについて，異なる側面から言及していますので，読み始める前に「あとがき」も読んでいただけたらと思います。

＊

　本書は 2008 年に刊行されて以来，幸いにも多くの方に読んでいただき，刊行 10 年にあたり，補訂版を刊行することになりました。主な改訂点としては，SAS，SPSS に加えて，R のプログラムと出力を追加したこと，本文で引用したデータについて新しいものが入手できる場合には内容を更新したこと，その他，読みやすさ，みやすさを向上させたこと，などがあります。

　しかし，本書で書かれていることの多くは心理統計の初歩的な事項ですので，刊行後 10 年を経て，何か顕著な修正をしなくてはいけないという箇所は見つかりませんでした。一方で，心理学界においては，本書では扱っていないベイズ的アプローチがますます盛んです。2018 年刊行の『心理学評論』の特集号「統計革命」（第 61 巻第 1 号）では，掲載されている論文のほとんどがベイズ的アプローチです。だからと言って，本書で説明している内容が今後ほどなく不要になるわけではありません。心理学における統計手法の変化は比較的緩慢であると思われるので，これからも大学の授業などで教授されていく内容でしょう。

　心理統計の入門書はコンスタントに刊行されているようですが，それはニーズがあるからです。本書は決して派手な内容ではありませんが，まったくの初学者のニーズに対応した，「まずは準備体操として，さらっと読み通せる心理統計の読み物」という書籍の存在意義は変わらないと思います。

　2018 年 8 月

村井潤一郎・柏木惠子

目　次

まえがき　i

第 1 章　心を数値で捉える ……………………………………………… 1

心理学の研究　2　/　なぜ統計か　3　/　質問項目を用いた性格の把握　4　/　平均の登場　11　/　平均以外も考慮　13　/　心理学の研究プロセスと料理の手順　15　/　この本のねらい　17

〈エッセイ〉認知・思考のスタイル——心の働きを「潜時」という数値で捉える　19

第 2 章　データをながめる ……………………………………………… 23

データをながめること　24　/　個人差と一般性　24　/　変数とデータ　28　/　変数の種類　30　/　図の有効性　31　/　度数分布表　32　/　棒グラフ・ヒストグラム　36　/　散　布　図　40

〈エッセイ〉子どもの母親への愛着——年齢によっても変化し，文化によっても異なる　47

第 3 章　数値にまとめる ……………………………………………… 51

数値にまとめること　52　/　数値要約の長所と短所　53　/　代　表　値　54　/　散布度も考慮　61　/　分散と標準偏差　61　/　その他の散布度の指標　65　/　偏　差　値　66

〈エッセイ〉母親と父親は本質的に違うのか——平均で考える意味　72

第 4 章　数値を比較する ……………………………………………… 77

比較するということ　78　/　背理法——逆転の発想　78　/　統計的検定への導入　81　/　まずは F 検定（SASでは）　83　/　いよいよ t 検定（SASでは）　88　/　SPSSでは　90　/　Rでは　92　/　日常生活での「統計的検定」的な考え方　93　/　統計的検定の「誤り」　94　/　対応の

iii

あるなし　96　／　2つの平均の比較（対応ありの場合）　98　／　3つの平

均の比較　101　／　分散分析への導入　101　／　本章のまとめ　106

〈エッセイ〉文化をどう認識するか，どうふるまうか──文化の中で生きる　107

第5章　関係をみる ……………………………………………… 113

様々な関係　114　／　質的変数と質的変数の関係──クロス集計表　117

／　クロス集計表──連関がある場合　119　／　カイ2乗検定──統計ソフ

トの出力　120　／　カイ2乗検定──手計算では　124　／　量的変数と量

的変数の関係　127　／　いろいろな散布図　129　／　相関係数──統計ソ

フトの出力　131　／　相関係数──手計算では　133　／　統計的検定の留

意点──サンプルサイズについて　135　／　統計的検定の留意点──有意水

準について　138　／　統計的検定の留意点──有意とは　139　／

〈エッセイ〉やる気の構造──達成動機・意欲と文化・ジェンダー　141

付　章　心理統計の実際を垣間みる ……………………………… 145

読書案内　157

あとがき　159

謝　　辞　164

索　　引　165

第**1**章
心を数値で捉える

心理学の研究

　皆さんは，心理学の研究にどのようなイメージをお持ちでしょうか。心理学を学ぶと，何ができると期待しているでしょうか。人の気持ちや性格をたくみに理解できると考える人もいるでしょう。事実，自分の性格を知りたいと思って心理学の専門課程に進学する学生は少なくありません。心理学を専攻しているというと，相手から"私のことを何でも分かってしまうのでしょうね"などといわれることがあります。そのたびに，心理学者は人の心理や性格がたちどころに分かる人だと考えられているのだなあと，その期待に困惑したり恐縮したりします。実際は，手相見のようにすぐさまぴたりと何かが「分かる」というわけにはいかないのですが。また，よく「性格が分かる」といったふれこみで，雑誌などに「性格テスト」なるものが掲載されていることがあります。いくつかの質問があってそれに Yes・No で答えると，「○○と答えた人は○○という性格です」と判定する類いのものを御覧になった人は多いでしょう。これを心理学のテストだと思い，このように性格や能力などを調べるのが心理学の研究，というイメージをお持ちの人もいるかもしれません。

　もちろん，心理学の研究の中には性格を調べるテストはあり，そうしたテストのための質問を考える研究はあります。けれども，その場合，質問は「ただ思いつくままに考え，こんな回答をした人はおそらくこんな人だろうな」と「勝手気まま」に「研究」するわけではありません。性格を調べるには，かなりの手間をかけ，丹念な手順を踏んだ方法で慎重に行っているのです。その手順をざっというと，まず，性格を知るために適切な質問項目を集めます。質問項目を並べる順序や回答の仕方などを工夫して質問紙（いわゆる「アンケート用紙」のことだと考えて下さい）を作ります。質問紙にたくさんの人々に答えてもらい，そうして得られたデータを分析して，質問項目の表現を修正してよりよい項目に改変したり必要な項目を新たに追加したりして最終的な項目を決めます。こうした予備的調査を経て初めて，精度の高い性格テストとなるのです。一人一人の性格を調べる場合には，その人の回答を，既に結果が分かっている多数の人々の回答傾向と比較対照するのが通例です。人の性格を調べる背景に

は，このように多数の人々の性格についてのデータがあり，それに基づいて一人一人の性格の特徴を把握するのです。雑誌などに出ている「性格テスト」なるものの多くは，こうした予備的調査や比較検討をほとんどしていない簡便なものだと思います。したがって，結果はすぐ出ますが，かなりおおざっぱなものに留まるでしょう。

　心理学は，一言でいえば人間を理解するための学問です。人間を理解するための学問には，ほかにも哲学など様々なものがありますが，心理学での人間理解の特徴は，今，性格を調べる例で述べたように，多くの人々を対象とした調査や実験の結果得られた「実証的データ」に基づくことが多い点にあります。「実証的」という言葉の意味は，調査や実験など，実際に何かを実施してみることで研究対象について明らかにしていく，そういう立場のことです。そうすることによって，研究者個人の主観や価値観に偏らずに，人間を客観的に理解することが可能になるのです。心理学が実証科学といわれるのは，こうした研究の特徴によっています。

なぜ統計か

　ところで，心理学の専門課程に進学すると，ほとんどの大学で「心理統計」「心理測定」「データ解析」などの講義や演習を履修することになっています。学生の中には，「えっ，なぜ？」「どうして数学？」と驚き，「こんなはずじゃなかった」と尻込みする人も少なくありません。無理もありません。心理学の専門課程は，どの大学でもたいてい文学部・人間学部などいわゆる文科系の学部に所属しています。そして学生の中には，理系科目は苦手，文系科目に関心がある，心理学は人の心を知る文系の学問だ，と思って進学する人が少なくありません。そして文系に進学すると決めると，受験科目にない数学は早々に勉強しなくなるのが実情かもしれません。

　このような学生が，心理学の履修科目に「心理統計」「心理測定」「データ解析」といった類いの科目がずらりと並んでいることに脅威を感じるのは納得できます。それだけではありません。心理学の専門書や論文で，数値や数式，それに関連した難解な用語などがたくさん散らばっているのをみて，期待してい

3

た心理学のイメージが崩れ，「こんなはずじゃなかった」と思うこともあるでしょう。これが心理学？　文系なのに？　と。

　この本では，そうした数式が直接出てくることはほとんどありません。心理学におけるデータとの付き合い方の一端を，「こんなはずじゃなかった」と思った方に読み物として伝えたいと願って，この本を作ることにしました。

質問項目を用いた性格の把握

　実証的に明らかにするということ，また統計がなぜ必要か，役に立つかを，具体的に考えてみることにしましょう。

　ある人が，どれくらい神経質かについて調べる場合を例に考えてみましょう。まず神経質かどうかを捉える質問項目を考えることになります（もちろん，それに先立ち，そもそも「神経質とは」と概念自体を吟味する作業も必要です）。「あなたは神経質ですか」とストレートに尋ねてはどうかと思う人もいるでしょう。ですが，あまりにもストレートに聞いたがために，聞かれた側は「私は神経質なんかじゃない」と反発したり，本当はとても神経質なのに，そう率直に答えることに躊躇したりして「神経質でない」と回答してしまう可能性もありそうです。となると，ストレートな質問項目はかえってだめで，そうではない形でできるだけ自然に本音を引き出せるような質問項目を考えなくてはならないでしょう。それでは，「あなたは細かい点に気を配る方ですか」と尋ねたらどうでしょうか。先ほどよりは多少「反発」が少なくなるかもしれません。また，「あなたは何ごとにもおおざっぱですか」という質問項目も，神経質であることを逆方向から聞くことになり（これを**逆転項目**といいます），かえって気楽に答えられ，案外本音が出るかもしれません。

　このように，神経質であることに関連する質問項目をいろいろと考えることが必要です。いくらよい質問項目でも，たった1項目ですと，その1項目に対してたまたま間違った回答をしてしまうことも考えられます。そこで，一般には複数の質問項目への回答を求めて，人の心を捉えます。複数の質問項目を用いて，各々別な角度から質問すると，神経質の程度や内容をより大きい視野で捉えることができます。一般に，質問項目が多いほど，対象（ここでは「神経

4

第1章　心を数値で捉える

質」）を適切に捉えることができるといってよいでしょう。実際の研究では，複数の質問項目の各々に答えを記入する回答欄を設けて，質問紙を作成します。そして，その質問紙に答えてもらった人々の回答を調べて，よりよい質問項目を考えていきます。

　回答の様子を調べるには，データ解析が必要になります。質問項目が多数ある，さらに回答した人も多数である時，回答の全体的な様子をどううまくまとめられるでしょうか。また一人一人の特徴をどのように浮かび上がらせて把握できるでしょうか。このためには，回答結果であるデータを，統計的な方法でまとめることが必要になり，そうすることで結果がくっきりとみえてきます。

　さらに具体的にみていきましょう。例えば，各質問項目に対して，回答を「よくあてはまる」「ややあてはまる」「どちらともいえない」「あまりあてはまらない」「まったくあてはまらない」の5段階の中からどれかひとつに印をつけてもらう形式にすることがあります。このように回答の選択肢が5つあるものを，**5件法**とか**5段階評定**とかいいます（選択肢は何も5つに限らず，例えば4件法や2件法というものもあります。これらを**評定法**といいます）。表1−1の例をみて下さい。皆さん，5つの質問項目それぞれに，あてはまるものもあれば，そうでないものもあるでしょう。あてはまるところの□を塗りつぶしてみて下さい。なお，5つの質問項目は，いずれも便宜的に考えたものですので，これがよい質問項目，というわけではないことをお断りしておきます。

　塗りつぶせましたか。例えば，一郎君は表1−2のように回答しました。

　この一郎君の回答をみて何が分かるでしょうか。一郎君は，神経質でしょうか，それとも神経質ではないでしょうか。「神経質ではない」といえそうです。なぜなら細かい点には気を配らないわ（質問①），何ごとにもおおざっぱだわ（質問②），……完全に神経質の対極にいる人物です。

　次に智子さんの回答をみてみましょう（表1−3）。

　智子さんはどうでしょうか。とても神経質です。細かい点に気を配り（質問①），物ごとをきっちりとしないと気がすまない（質問③），さらには本をアイウエオ順に並べないと気がすまない（質問⑤），などの回答からみて，智子さんは相当神経質だといえるでしょう。一郎君と智子さんが結婚したらとんでもな

5

表1-1 神経質さの質問項目

質問項目 ＼ 選択肢	よく あてはまる	やや あてはまる	どちらとも いえない	あまり あてはまらない	まったく あてはまらない
①あなたは細かい点に気を配る方ですか。	□	□	□	□	□
②あなたは何ごとにもおおざっぱですか。	□	□	□	□	□
③あなたは物ごとをきっちりとしないと気がすまない方ですか。	□	□	□	□	□
④あなたは，普段細かいことが気になる方ですか。	□	□	□	□	□
⑤あなたは，本棚の本は，アイウエオ順に並べないと気がすまないですか。	□	□	□	□	□

表1-2 一郎君の回答

質問項目 ＼ 選択肢	よく あてはまる	やや あてはまる	どちらとも いえない	あまり あてはまらない	まったく あてはまらない
①あなたは細かい点に気を配る方ですか。	□	□	□	□	■
②あなたは何ごとにもおおざっぱですか。	■	□	□	□	□
③あなたは物ごとをきっちりとしないと気がすまない方ですか。	□	□	□	□	■
④あなたは，普段細かいことが気になる方ですか。	□	□	□	□	■
⑤あなたは，本棚の本は，アイウエオ順に並べないと気がすまないですか。	□	□	□	□	■

表1-3 智子さんの回答

質問項目 ＼ 選択肢	よく あてはまる	やや あてはまる	どちらとも いえない	あまり あてはまらない	まったく あてはまらない
①あなたは細かい点に気を配る方ですか。	■	□	□	□	□
②あなたは何ごとにもおおざっぱですか。	□	□	□	□	■
③あなたは物ごとをきっちりとしないと気がすまない方ですか。	■	□	□	□	□
④あなたは，普段細かいことが気になる方ですか。	■	□	□	□	□
⑤あなたは，本棚の本は，アイウエオ順に並べないと気がすまないですか。	■	□	□	□	□

第1章 心を数値で捉える

いことになるかもしれません。智子さんは一郎君のことを「だらしない」とやり切れない思いをするでしょうし，反対に，一郎君は智子さんのことを「なんて細かいんだ」と閉口するでしょう。このように，複数の質問項目を用いてその回答傾向によって性格を調べてみると，その結果からいろいろなことを予測できる可能性が出てきます。

さて，以上，質問項目への回答を個別にみながら，一郎君と智子さんの神経質さの違いをみてきました。これをもっと「コンパクト」に数値で表すとしたらどうしたらよいでしょう。■のところを数値に置き換えてはどうでしょうか。つまり回答を得点にしてみるということです。その場合，どのような数値に置き換えるのが妥当でしょうか。

表1-4のように，仮に「よくあてはまる」に■の場合に100点を，以下順に4点，3点，2点，1点，と点数を与えるルールにしてみます。この採点の仕方で，先の一郎君と智子さんの回答を採点しますと，

一郎君の神経質得点は，1 + 1 + 1 + 1 + 1 = 5点
智子さんの神経質得点は，100 + 100 + 100 + 100 + 100 = 500点

となります。2人の得点を比べれば，智子さんの神経質得点は一郎君よりも高いことが分かります。なお，「あなたは何ごとにもおおざっぱですか」だけ「1－2－3－4－100」と得点の順番が逆になっているのは，この質問項目が逆転項目だからです。この質問項目の場合，「おおざっぱ」という「神経質」とは逆の特徴で質問しているので，回答を逆にして考える必要があるのです。この質問項目に「よくあてはまる」に印をつけた極めて神経質でない人に100点も与えたら，話が逆になってしまいますね。そこで，このような質問項目には配点を他の項目とは逆にするのです。

さて，表1-4の採点の仕方でもたしかに2人の差は出ますが，何だか不自然ですね。なぜ「よくあてはまる」だけがとびぬけて100点で，他はひと桁なの？　と思われるでしょう。表1-4のような配点も絶対間違いというわけではありませんが，心理学の研究では，段階で回答したものを，表1-5のよう

7

表1-4 選択肢を得点化する（1）

質問項目 ＼ 選択肢	よく あてはまる	やや あてはまる	どちらとも いえない	あまり あてはまらない	まったく あてはまらない
①あなたは細かい点に気を配る方ですか。	100	4	3	2	1
②あなたは何ごとにもおおざっぱですか。	1	2	3	4	100
③あなたは物ごとをきっちりとしないと気がすまない方ですか。	100	4	3	2	1
④あなたは，普段細いことが気になる方ですか。	100	4	3	2	1
⑤あなたは，本棚の本は，アイウエオ順に並べないと気がすまないですか。	100	4	3	2	1

な配点にして得点化するのが通例です。

　表1-5の配点だとかなり納得できるのではないでしょうか。このルールで一郎君と智子さんの回答を採点しますと，

　　　一郎君の神経質得点は，1＋1＋1＋1＋1＝5点
　　　智子さんの神経質得点は，5＋5＋5＋5＋5＝25点

となります。

　このように，「よくあてはまる」と「ややあてはまる」の間，また，「ややあてはまる」と「どちらともいえない」の間，……と，隣り合った選択肢間の間隔は等しいとみなして配点するのが通例です。これらの質問項目は，人の神経質さをはかる「ものさし」といえるでしょう。このような質問項目の集まりを**心理尺度**あるいは単に**尺度**といいます。心理学ではたくさんの尺度が開発されています。例えば，自尊心の大きさを測る自尊心尺度，攻撃性の大きさをはかる攻撃性尺度，……と，とてもたくさんあります（こういう尺度を開発する際に，統計は大活躍するのです）。

　次に，例えば質問①「あなたは細かい点に気を配る方ですか」について，回答した人たちの回答が5段階にどう散らばっているかをみてみましょう。調査

8

第1章　心を数値で捉える

表1-5　選択肢を得点化する（2）

質問項目 ＼ 選択肢	よく あてはまる	やや あてはまる	どちらとも いえない	あまり あてはまらない	まったく あてはまらない
①あなたは細かい点に気を配る方ですか。	5	4	3	2	1
②あなたは何ごとにもおおざっぱですか。	1	2	3	4	5
③あなたは物ごとをきっちりとしないと気がすまない方ですか。	5	4	3	2	1
④あなたは，普段細かいことが気になる方ですか。	5	4	3	2	1
⑤あなたは，本棚の本は，アイウエオ順に並べないと気がすまないですか。	5	4	3	2	1

に回答した人がこの質問項目にどう答えているかはいろいろな場合が考えられます。回答者の大多数の人が，5とか4など大きいところに印をつけている，つまり多くの人が「よくあてはまる」側の回答をしている場合もあるでしょう。あるいはその逆に，1や2など「まったくあてはまらない」側の回答に集中していることもあるでしょう。また，そのようにどちらかに偏らずに5から1までまんべんなくばらついていることもあるでしょう。

このように質問項目ごとに，回答がどのように散らばっているかを調べたりします。回答者全員がひとつの選択肢，例えば5に集中している場合は，全員が神経質だとみることもできるかもしれませんが，実際には神経質さには個人差があると考える方が妥当でしょう。例えば，「あなたは細かいことが気になったことがありますか」という質問項目を考えてみましょう。どんな人でも，過去に何か細かいことが気になった経験はあるでしょうから，この質問項目には，ほとんどすべての人が「よくあてはまる」＝「5」と回答する可能性が高いでしょう。ものすごく神経質な人も，普通程度に神経質な人も，ともに「5」になってしまいます。5より上はないので，5という天井につかえてしまっているのです。このような状態を，**天井効果**といいます（5が最大ですので，5を天井とみなすわけです）。したがって，こうした「誰もが反応しやすい質問項目」は，一人一人の神経質の程度をうまく区別できない，あまり適当ではない質問

9

項目だとも考えられます。

　また反対に，質問⑤「あなたは，本棚の本は，アイウエオ順に並べないと気がすまないですか」ですと，これはたしかに神経質さの一端を表す質問項目だとはいえ，あまりに特殊すぎて，おそらくほとんどすべての人が「まったくあてはまらない」と回答する可能性が高いでしょう。先ほどの天井効果と逆ですね。このような状態，すなわち1という床につかえてしまっている状態を，**床効果**といいます（1が最小ですので，1を床とみなすわけです）。以上のようにして，個々の質問項目についてそれが神経質を測定するのに適切かどうかを，回答の状態を手がかりに検討することができます。先の説明でいえば，「あなたは細かいことが気になったことがありますか」「あなたは，本棚の本は，アイウエオ順に並べないと気がすまないですか」は，神経質をはかる質問項目としては有効でなく，削除するということになるでしょう。

　さらに，質問項目はひとつだけではありませんから，違った質問項目への回答どうしの関連も問題になります。質問①「あなたは細かい点に気を配る方ですか」に対して5とか4とか大きい数値に○をつけた人は，次の質問②「あなたは何ごとにもおおざっぱですか」にどう回答しているでしょうか。質問②は神経質さに関して逆の質問ですから，「気を配る」に5や4，つまり「あてはまる」と答えた人は，「おおざっぱ」には1や2など「あてはまらない」と答えるのが自然でしょう。どちらも神経質であるかどうかを聞いているのですから，回答の傾向に一貫性があるはずです。一貫性がない場合には，どちらかの質問項目が神経質の質問としては適切ではないと考えるべきだということになります。このように複数の質問項目への多数の人々の回答を，質問項目ごとに検討し，また質問項目間の関連についても詳しく検討していくのです。

　皆さんの中には，「何もそんなことをしなくても人間は理解できるのではないか」という方もいらっしゃるでしょう。たしかに，私たちは，普段の生活で人間理解をしています。ある人の行動をみて「あの人は神経質だな」と「理解」することもあります。血液型を聞いて，その人のことを「神経質な人」とか「協調性のある人」と「理解」してしまっている場合さえあります。けれども，そうした理解はあくまで個人的なものです。その人をみたその場面ではた

またま「神経質」のようにみえたとしても，別の場面では違ったふるまいをしているかもしれません。また「神経質」とか「協調性」などの定義が，みる人によってまちまちな場合もあるでしょう。そこで，いろいろな場面について「神経質」だと考えられる特徴をどのくらいもっているか質問する，つまりより多面的にみることが必要なのです。個人のおおざっぱな判断による「勝手気まま」な「人間理解」ですと，支障が出る場合もあります。会社で新入社員を選ぶ時とか，患者の精神的疾患の兆候をみつけようとする時などです。個人の直感や判断，解釈に伴う危険性は，とりわけ採用や診断の際には避けなければなりません。そこで，データに基づいて性格を客観的，実証的に捉える方法の出番が来るのです。

　もちろん，心理学も様々で，客観性よりも主観性を大切にする分野もあります。主観を大切にするか，客観を大切にするか，はどちらが正しいということではありません。加えて，何が主観的で何が客観的か，という点も曖昧な面があるのですが，本書で対象にしているのはいわゆる客観的側面，すなわち数値を対象にした心理学研究となります。

平均の登場

　以上，質問項目への回答を通してデータを集める例を出しました。ほかにもデータの集め方はいろいろありますが，収集方法によらず，得られたデータに基づいて問題を検証する，これが実証科学である心理学の研究のひとつのあり方です（「実証的」とは「勝手気まま」の反対だといえるでしょう）。そうなると，集めたデータをどのように分析するかが重要になってきます。せっかく苦労してデータを集めても，その扱いによっては宝の持ち腐れになってしまいます。それでは，調査や実験は水の泡ですし，何よりも時間を割いて回答してくれた人たちに失礼なことになります。

　さて，先の「神経質」の例で，心理学に数値が出てくる意味を少し分かっていただけたかと思いますが，さらに具体例を用いて解説しましょう。以前より，子どもたちの学力低下が問題にされており，心理学でも学力の研究は盛んに行われています。

表 1−6　算数の計算テスト成績

霞ヶ淵小学校（都心） 名前	点数	ひばり台小学校（郊外） 名前	点数
秋子さん	60	次郎君	50
光君	100	淑子さん	40
美帆さん	50	明君	50
ゆかりさん	20	健一君	60
翔太君	70	花子さん	50

　大学生の A さんは，自分の家庭教師の経験などから，友だちと話しているうちに，レポートの課題として「学力」を取り上げてみようと思いました。そして，これも友だちとの話から，「都心の学校と郊外の学校では，何となく都心の学校の方が学力の高い子が多いような気がする」と思いつき，偶然にも，ある都心の小学校とある郊外の小学校両方の 4 年生に行われた，同じ算数の計算テストの成績を手に入れることができたとしましょう。そのテストは 100 点満点で，都心と郊外でそれぞれ表 1−6 のような結果だったとします。ここでは分かりやすくするために，都心・郊外の各グループに 5 人と少なくしてあり，合計 10 人です。

　このように，手元にある「限られた」データのことを**サンプル**といいます（**標本**ともいいます）。これに対して「日本全国の都心・郊外の小学生」というように，ここでとった都心・郊外の集団の背後に想定している大きな集団のことを**母集団**といいます。つまり，サンプルとは，母集団の「見本」となるものです。またサンプルに含まれる人数のことを**サンプルサイズ**といいます（**標本の大きさ**ともいいます）。心理学の研究では，多くの場合，母集団すべてのデータを手に入れることはできませんので，手にするデータは，サンプルについてのものです。

　さて，まず表 1−6 のデータをみて下さい。都心の小学校は，「100 点の人もいれば，20 点の人もいる，都心の学校ではきっとできる人とできない人の差が大きいんだな」ということに気づくでしょう。それに対して郊外の小学校は，「みんな 50 点くらいだな，でき・ふできの差があまりないんだな」ということ

がみてとれます。

このように，各グループ5人とサンプルサイズが小さいデータの場合には，以上のような「ぱっとみた印象」による説明でも，データの特徴は一応分かるでしょう。データをそのまま示して，「こちらの方ができる・できないの差が大きいです」と言葉でいえばほぼこと足ります。けれども，都心・郊外で集まったデータが大量，つまりサンプルサイズが大きくなりますと，そう簡単には2つの集団の特徴や差が把握できなくなります。一見した印象では，とてもつかみきれません。そうなると，データの特徴をみる別の工夫が必要になります。その典型がみなさんもお馴染みの**平均**です。

　　霞ヶ淵小学校の平均は，
　　得点の総和（60 + 100 + 50 + 20 + 70）つまり 300 ÷ 人数 5 = 60 点です。

　　ひばり台小学校の平均は，
　　得点の総和（50 + 40 + 50 + 60 + 50）つまり 250 ÷ 人数 5 = 50 点です。

　このように平均を出して，2つのグループを比べると，霞ヶ淵小学校の平均点（60）がひばり台小学校の平均点（50）よりも10点高いことが分かります。これで，結果をある程度客観的に示すことができました。平均は簡単なものですが，これも立派に統計のひとつです。ぱっとみた印象で "霞ヶ淵小学校の方がひばり台小学校より高そう" というよりも，数値という共通のものさしを使って表現することで，言葉で表す以上の力が発揮されるのです。

平均以外も考慮

　このように，都心と郊外で平均に差があることが分かったのですが，それで「都心の方が学力は高い」と結論づけてしまってよいのでしょうか。10点の差で，本当に「差がある」と考えてよいのでしょうか。

　もう一度，表1-6をみて下さい。各学校内の子どもの得点の散らばり方が，都心と郊外で違っていることに気づくでしょう。同じ学校の中で「どの程度で

きる人・できない人の差が大きいか」が，都心と郊外とでは違うようです。都心の学校では，100点の人（光君）もいれば20点の人（ゆかりさん）もいて，計算能力に散らばりが大きいようです。一方，郊外の学校では，生徒たちはみんな50点近辺で，それほど散らばりは大きくなさそうです。この「散らばり」を考えることは重要です。仮に都心の学校と郊外の学校で平均が同じであったとしても，都心の方で散らばりが大きければ（できる人とできない人の差が大きければ），「都心では能力別にクラス分けをした方がよい」といった工夫が必要になるからです。

　このような得点の散らばりも，数値で表すことができます。先回りして言葉だけ出しておきますが，この「散らばり具合」を示す数値のひとつに，**標準偏差**というものがあります。これについては第3章で説明します。

　以上のように，たとえ表1-6のようにサンプルサイズが小さい場合であっても，得られたデータから平均などの数値を導き出すことは有効です。"こちらの方の学力が上です"という説明は，その人の主観的なものですから，人によってずれがあり，曖昧さを残します。そこで言葉によらない説明方法が必要になります。平均という数値によって結果を示すことは，より正確で客観的な説明として説得力を持ちます。

　とはいえ，その数値の解釈は誰にとってもまったく同じというわけではありません。「10点差」は，果たして「差がある」といえるのでしょうか。「10点も差がある」と思う人もあれば，あるいは「10点しか差がない」と思う人もいる，というように，同じ10点の差でも，人により場合により判断が違うことは少なくありません。このように人や場合による違いがあるので，さらにもうひとつ，共通のものさしを用いる必要があります。この「共通のものさし」のひとつが**統計的検定**という手法です。これについては第4章で説明しますが，ここでは「今手元にあるサンプルから母集団を考えた時，サンプルで見出された10点の差は，確率的には差があるのかどうか」ということを確かめるのが統計的検定だと考えておいて下さい。表1-6のデータはサンプルですが，「日本全国の都心と郊外の小学校」を母集団として考えた場合，母集団では15点差かもしれませんし，3点差かもしれません。でも，こういった母集団の「本

当の差」は実際知ることはできません。あまりに大規模な調査になってしまうからです。ですから，手に入れることができたサンプルから，母集団ではどうなのかな？　と，確率で「本当の世界」について思いをはせるのです。

　平均の差や散らばりの違いをみたとしても，さらにもっと大きな問題が残ります。それは表1-6のデータで，「都心の方が学力は高い」とのAさんの最初の予想が確かめられた，と結論を出してしまってよいかという問題です。

　大体，どの小学校も5人ということはあまりありませんね。だとすると，ここに出された5人はいったいどういう5人なのか，出席番号の最初から5人なのか，それともランダムに選ばれた5人なのかが，まず問題になります。また，いずれにしろ5人では母集団を代表するサンプルとしては十分とはいえないでしょう。さらに，都心と郊外の代表として，この霞ヶ淵小学校とひばり台小学校は適切なのでしょうか。もし，霞ヶ淵小学校が，とりわけお金持ちの家庭の子どもが多かったりすると，都心の小学校を適切に代表していないことになるでしょう。また，使った計算テストが，果たして子どもたちの学力をみるのに十分適切なものだったかどうかも気になります。

　どんなテーマの研究であれ，母集団を適切に代表すると考えられるサンプルを選ぶ必要があり，さらにサンプルサイズも基本的には大きいことが望ましく，また，予想・仮説を検討するのに適切な方法が用いられていること，などが重要です。このような観点からみますと，例示した表1-6のデータでは，予想・仮説について結論を出すには限界があり，さらに検討すべき課題があることが分かるでしょう。地域による学力差を検証するという一見簡単そうな問題でも，このように様々なことを慎重に考慮しなければならないのです。

心理学の研究プロセスと料理の手順

　心理学の研究では，数値が出てくることが多く，さらにその数値を使っていろいろ計算したり，グラフなどを用いて表示したりします。以下，とったデータを解析し，論文にしていくプロセスを，料理になぞらえて説明していこうと思います。あわせて，この本がそのプロセスのどの部分を説明しているのか，明らかにしましょう。

料理には手順があります。また食材によって料理法（どう切るか，どう加熱するかなど）が違い，それが適切にできているかどうかで，できあがりの味が違ってきます。データ解析にも手順があります。また，データの性質によって解析法が異なり，その成否によってはせっかく苦心して集めたデータがうまくいかされないこともあれば，データの中に埋もれている金脈を掘りあてることもあります。

研究のプロセスを料理の手順になぞらえると，以下のように説明できます。

① 「研究計画」

料理を作るには，まずどんな料理を作るかを考えます。献立作りです。「研究計画」とは献立を考える，つまりメニューを作ることにあたります（先ほどの例ですと，「学力の地域差について調べたいので，違った地域の学校の子どもたちの学力データを集めよう」と計画します）。

② 「データ収集」

次にその計画に基づいて，食材の買い出しに行きます。研究の目的に合う「データ収集」です（計算テストを実施してデータを集めることです）。

③ 「統計的分析の下準備」

買ってきた食材は，そのままでは調理できません。洗ったり皮をむいたりと下ごしらえをするように，収集したデータについてもまず下ごしらえをします。「統計的分析の下準備」です。例えば，集めたデータの中に，未回答の部分があったり，選択肢の２つに○がついていたり，などの不備がないかどうかチェックしたり，またその上で，データがどのような様子か全体的にみるために表や図にしてみたりすることです。この「表や図にする」については，第２章で説明します。また，平均などを計算することも，この段階に相当するともいえるでしょう（あるいは，次の段階）。この点については，第３章で説明します。

④ 「統計的分析」

このあと，いよいよ調理に取りかかります。「統計的分析」とは，材料や献立によって，焼いたり，蒸したり，揚げたりと，調理することにあたります。先ほどふれた統計的検定などもこの段階に相当します。これらの点

16

第1章 心を数値で捉える

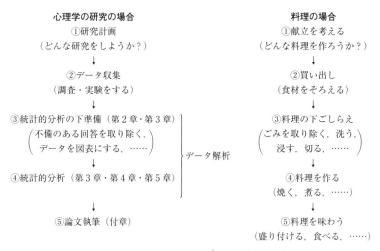

図1-1 心理学の研究プロセスと料理の手順

については，主に第4章・第5章で説明します。

⑤ 「論文執筆」

　最後に，調理した料理を食器に盛りつけ，食べてみます。また，他の人にも味わってもらいます。これが，研究の締めくくりである「論文執筆」です。ここで，調理されたもの，つまり統計的に分析されたものについて，「10点差があるのはなぜか」などを考えながら論文を書いていきます。この点に関しては，「実際の論文ではどのように統計が登場するか」について付章で説明します。

　以上の流れを図にしてみました（図1-1）。

この本のねらい

　この本では，以上の流れのうち，特に「料理の下ごしらえ」「料理を作る」について説明していきます。データ解析とは，「統計的分析の下準備」と「統計的分析」の部分で，材料をよりおいしく料理するための大切なステップです。もちろん，データをとるまでの作業はとても重要ですが，そうした「研究計画」や「調査や実験の実施方法」などについては，心理学研究法に関する他書

17

にゆずりたいと思います。

　さて，レポートや卒業論文などで「データをとったはよいけれど，どうしたらよいのだろう」「何から手をつけたらいいか分からない」と悩む学生さんは少なくないようです。そうした悩みをどう解決してデータをどう料理するか，その方法によって，できあがりの料理のみためや味は大違いでしょう。また，いきなり統計の本をみてもチンプンカンプンだとか，最近は便利そうなコンピュータソフトがあるので，それを使って結果らしいものが出てきたものの，その意味が全然分からない，そうした人も多いでしょう。そういう人のために，自分のとったデータを最低限のところまで扱えるようガイドしたいと思います。

第1章　心を数値で捉える

認知・思考のスタイル

——心の働きを「潜時」という数値で捉える——

本章では，主に「質問項目への回答」を例に数値化について話しました。ここでは，他の数値化の一例を示します。

人様々

　人は体型や顔つきが一人一人違うように，心の働きについても誰一人として同じではありません。そうした心の働き——知能，性格や感情，態度や関心など——の個人差を，どうしたら正確に捉えることができるか，長い間，心理学で検討されてきました。その結果，知的能力を測定する様々な「知能検査」，性格や感情・態度などを測定する様々な「性格検査」が作成されており，対象（大人か子どもか）や，目的などに応じて広く用いられています。

「知的能力は知能検査で，性格や態度は性格検査で」でよいか

　知能検査は，知的能力をいかに客観的に包括的に測定するか，理論的に方法論的に工夫をこらして作成されました。一方，性格検査も性格心理学（パーソナリティ心理学）の領域で同様な検討と工夫がこらされて作成されたものです。つまり，知能検査と性格検査は心理学のそれぞれ別な領域で開発されたのです。その結果，人の個性のうち知的面は知能検査で，性格面は性格検査でと，別個に測定されることになりました。しかし，知能検査が測定している知的な能力と，性格検査で問題にしている性格や感情・態度とは，まったく別物なのでしょうか。

知的能力の個人差をどう捉えるか／表すか

　知能検査の結果は，通常「知能指数」という得点で表されます。知能指数は，受けた検査がどれくらいできたか——検査（テスト）成績——から算出されますが，100が平均レベル，100以上だと平均より優れている，100以下だと遅れているというふうに，知能指数はその人の知能の特徴を，量的な基準で概括的に捉える指標です。

　こんな疑問を持つかもしれません。「知能指数が同じ2人は，知的な能力が等しいのか」「その2人が課題を解く時，同じような仕方で問題に取り組み，その結果の成績も同じになるのか」……これらの疑問は，知能検査から切り離されてきた性格や態度などが，果たして知的な能力とは無関係なのかどうかという問題です。この疑問に対して，

19

新しい視点から人の知的な働きの特徴を捉える研究（法）を提案したのが，アメリカの発達心理学者ケーガン（Kagan, J.）です。

知能検査では答の正誤と所要時間が重要──「正しく速く」が高成績

　ケーガンは，知的面から情緒面，さらに発達環境について幅広く研究している世界有数の発達心理学者です。その広い発達研究から，知的能力と性格・態度とが，分かちがたく結びついていることに注目して，それまであたかも別物のように扱われ研究されてきた流れの中で，新しい視点を提供しました。

　知能検査では，出された問題に「①正答したか誤答したか」「②どれだけ時間がかかったか（所要時間）」が記録され，採点されます。そして正答にいたるまでの時間が短い（速くできる）ほど成績がよい，つまり「正しく速く」が高成績という方式で採点されます。ケーガンはこうした知能検査における子どもの知的な働きの捉え方に疑問を呈したのです。各々の子どもの知的な働きの特徴は，単に課題が「できた」「できない（誤った）」とか，「速くできた」「時間がかかった」ということでは捉えきれないこと，むしろ課題に取り組む姿勢，課題を解決する方式に個人差があることに注目したのです。

課題に取り組むまでにどれだけ時間をかけるか──「潜時」への注目

　ケーガンも，知能検査の場合と同様，時間に注目しました。けれども，知能検査で問題にしている「どれほど速く答を出したか」ではなく，課題に取り組むまでの時間でした。これは，それまではまったく取り上げられなかった時間です。ケーガンは，「できたか，できないか」や「どれくらいの時間でできたか」以前に，「課題にとりかかるまでにどれくらい時間がかかるか」に，子どもの個性があること，しかもそれが課題成績の基盤にあることに注目したのです。

　実際，筆者も子どもを対象にした実験をしていた時，問題が与えられるやいなや，すぐさま手をつける子どもがいる一方，問題の説明が終わってもなかなか始めない──「説明が分からなかったのかな」と思うほど，課題に手をつけるのが遅い──子どもがいました。この傾向は，子どもごとにほぼ決まっていて，思ったことを積極的に行動する性質の子，逆に，何ごとにも慎重な子，時には引っ込み思案になる子，など様々です。このような課題に取り組む際の姿勢の個人差は，課題に取り組む前にどれだけ時間をとるか，つまり「潜時」に反映されているとケーガンは考えました。俗に「走ってから考えるか，走り出す前に考えるか」の違いがいわれますが，彼はこの特徴を，個性の発達の問題として重視したのです。

　しかも，潜時は課題の成績とも密接に関連しているのです。単純に考えると，反応の速い子はよくできる子，遅い子はとろくてだめな子との印象を持ちます。ところが，潜

第1章 心を数値で捉える

図A　MFFテスト問題例

表A　4歳8ヶ月児のMFF成績

	潜時（秒）	（正答までの）誤数
Aちゃん	34.73	15.53
Bちゃん	40.45	12.58

表B　4歳児と5歳児のMFF成績　(柏木, 1988)

	潜時（秒）の平均（標準偏差）	（正答までの）誤数の平均（標準偏差）
4歳児	45.20（17.12）	13.77（4.16）
5歳児	84.71（44.58）	6.04（3.99）

時は短いほど誤りが多く，逆に一見とろくてどうかと思われる潜時が長い子に，一発で正答を出す傾向が見られるのです。このように潜時と課題成績（正答が出るまでに誤りをいくつ出すか）の両面から，子どもの課題解決方式の特徴を調べる問題をケーガンは考案しました。「MFFテスト（Matching Familiar Figure Test）」としてよく使われているもので，図Aはその問題例です。

「○印のついたものと同じものをみつけて指でさす」という問題で，子どもが最初に指さすまでの時間（潜時）と，正答が出るまでの誤り数が記録されます。表Aは，どちらも4歳8ヶ月児で，知能指数がほぼ同じAちゃんとBちゃんの成績です（架空の例）。課題に取り組む姿勢――認知スタイル――はかなり違いますね。Aちゃんは反応は速いけれども誤りが多い衝動型，反対にBちゃんは反応するまでに時間はとるけれども誤りが少ない熟慮型といえるでしょう。

このように，認知スタイルは課題解決の仕方についての個性ですが，一方，この認知スタイルは年齢とともに変化し発達するものでもあります。一般に，幼いうちほど課題が出されるとすぐ反応する，つまり，潜時は短いが誤りは多発する「衝動型」の傾向が

表 C　日米の満5歳児の MFF 成績 (東・柏木・ヘス, 1981)

	潜時（秒）の平均 （標準偏差）	（正答までの）誤数の 平均（標準偏差）
日本	90.47　（64.93）	10.30　（3.85）
アメリカ	72.92　(116.38)	12.67　(11.21)

強く，長じるにしたがって次第に潜時は長くなり誤りは減少し「熟慮型」になっていきます。表Bは，4歳児と5歳児にこのテストをした成績です。4歳児は衝動型の傾向，5歳児は熟慮型の傾向がみてとれるでしょう。以上みてきたように，潜時という数値で心を捉えることも可能なのです。質問項目への回答から心を捉えるのとは，ずいぶん違いますね。心理学では，いろいろな方向から心を捉えようとするのです。

文化による違い

　衝動型から熟慮型へという発達は，どこの国にも共通してみられる普遍的な方向です。けれども，いつ熟慮型に移行するかには，国による差があります。表Cは，日米の子どもの満5歳児の成績ですが，日本の子どもはアメリカの子どもよりも誤りは少なく，潜時は長く，早期に熟慮型に移行していることがみてとれるでしょう。

　このような日本の早期熟慮化は他の研究でも確認されており，かなりはっきりした日本の子どもの特徴といえそうです。なぜこのような差があるのでしょうか。課題が与えられた時，どうふるまうか，どう対処するのがよいかが，日米ではかなり異なっている──アメリカでは思ったことを（失敗を恐れずに）率直に答える，自分の考えを積極的に主張・表現することが奨励されているのに対して，日本では失敗しないようにきちんと答えることが重視される──，こうした対照は，しつけや教育のそこここにみられます。自己主張／積極性重視（アメリカ）と，失敗回避／正答志向（日本）という対照的な教育文化といえるでしょう。それぞれの文化の中で育つ／育てられることで，子どもも早くから失敗しないよう慎重に熟慮するようになるか，そうでないかが規定されると考えられます。人間の発達は文化の中で展開されるものであり，認知スタイルも個人の固定的な特性ではなく，文化の中で育まれ特徴づけられていくものなのです。

文献

東　洋・柏木惠子・ヘス, R. D. (1981). 母親の態度・行動と子どもの知的発達──日米比較研究　東京大学出版会.

柏木惠子 (1988). 幼児期における「自己」の発達──行動の自己制御機能を中心に　東京大学出版会.

臼井　博 (2001). アメリカの学校文化・日本の学校文化──学びのコミュニティの創造　金子書房.

第2章
データをながめる

データをながめること

第1章では，計算テストのデータをみました。すると，郊外の小学校に比べて，都心の小学校では「できる・できない」の差が大きそうだな，つまり散らばり具合が大きいな，ということがみてとれました。けれども，サンプルサイズがもっと大きくなると，単にながめるだけでは，データの様子がきちんとみえてきません。データを図や表にしたりといった工夫が必要となります。この章では，データを詳しくながめるための方法について説明します。

個人差と一般性

都心の小学校は，成績の散らばりが大きかったですね。これは，個人ごとに成績が違う（個人差が大きい）ことを意味します。計算能力に限らず，人の能力というものは個人ごとに異なります。また，第1章では，一郎君と智子さんの2人は神経質さという点で違う，という例を出しました。人の性格も，様々な面で個人ごとに違います。非常に神経質な人もいれば，まったく神経質でない人もいますし，非常に陽気な人もいれば，陽気とはとてもいえない人もいます。活発さ，慎重さ，社交性，などについても，人それぞれです。このように，人によって異なる能力・性格・心のあり方こそ，心理学の関心事であり，多くの研究テーマとなっています。なぜ神経質さが異なる人がいるのだろう？　神経質さの違いは何が原因なのだろうか？　神経質という性格は変えることができるのだろうか？　など，いろいろな疑問点が浮かんできます。こうした点について明らかにしていくのも，心理学の研究のひとつの課題です。もし，世の中のすべての人がまったく同じ性格であったならば，そのような研究の必要性は少なくなるでしょう。性格であれ計算能力であれ，人によって違うこと，これがつまり**個人差**ですが，心理学の研究関心のひとつは個人差です。いろいろな人がいる，つまり個人差があるからこそ，人間関係は楽しくもありやっかいなものにもなります。さらに大きくいえば，そうした個人差，換言すれば多様な人々がいることが文明の発展をもたらしてきたといえるでしょう。

一郎君と智子さんは神経質さが違っていました。しかし，この2人は，とも

24

第2章　データをながめる

表2-1　男女共同参画に関する国際比較調査（内閣府（2016）「平成27年度少子化社会に関する国際意識調査報告書」）

	日本 (418人)	フランス (373人)	スウェーデン (342人)	イギリス (378人)
賛成	12.2	8.3	0.3	12.2
どちらかといえば賛成	44.5	19.6	4.4	25.9
どちらかといえば反対	29.9	27.3	7.9	17.7
反対	10.5	41.8	86.8	39.9
わからない	2.9	2.9	0.6	4.2

＊「夫は外で働き，妻は家庭を守るべきである」に対する賛否（女性のみ，数値は％）

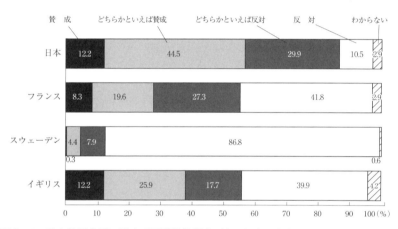

図2-1　男女共同参画に関する国際比較調査（内閣府（2016）「平成27年度少子化社会に関する国際意識調査報告書」）＊「夫は外で働き，妻は家庭を守るべきである」に対する賛否（女性のみ）

に日本人です。同じ日本人であっても神経質さは人ごとに違い，個人差があるのですが，視点を変えて日本人全体としてみてみると，他国の人に比べれば神経質さはこのくらい，とみることもできます。この場合，日本人の中での個人差を越えた「日本人一般」を想定していることになります。心理学の研究関心のもうひとつは，このような「一般性」です。狭義の心理学的な研究とはいえないと思いますが，例えばこんな調査があります（表2-1・図2-1。なお，通常，論文などでは，同じデータを図と表の両方で示すことは，情報が重複するのでしませんが，ここでは分かりやすいようにあえて両方掲載しています）。

この調査では，「夫は外で働き，妻は家庭を守るべきである」という質問について，賛成か反対かをいろいろな国の人に回答してもらって，国ごとに集計しています。つまり，日本人，フランス人，スウェーデン人，イギリス人と国ごとにまとめて，各国の「お国柄」とでもいえるものをはかっていることになりますね。このお国柄は，例のように％で表すこともありますし，また別のケースでは平均で表すこともあります。なぜ％を用いるかというと，国によってサンプルサイズが異なるからです。そこで，全体のうちどのくらいの人が「賛成」「どちらかといえば賛成」「どちらかといえば反対」「反対」「わからない」であったかを，百分率（％）や比率にして相対的に表すことが必要になってきます。この点については，後ほど「相対度数」のところで説明します。

　図表を詳しくみてみましょう。「賛成」と「どちらかといえば賛成」が他の国に比べて少ない国があります。スウェーデンです。スウェーデンでは，男女平等な家族政策が進んでいますから，男女双方に労働と家族役割が保障されています。男が仕事，女は家庭という考えは少ないのですね。日本はどうかといいますと，「賛成」と「どちらかといえば賛成」の合計が56.7％（＝ 12.2％ ＋ 44.5％）と他の国より高いです。これには，いくつかの要因が考えられると思いますが，お国柄を示すひとつの結果です。一方，日本人の中にも，賛成の程度にはいろいろあるでしょう。例えば「賛成」「どちらかといえば賛成」「どちらかといえば反対」「反対」「わからない」のどれかを選ぶということになれば「どちらかといえば賛成」だけれども，この中には「賛成」よりの人もいれば，「どちらかといえば反対」よりの人もいて，いろいろでしょう。この「いろいろ」，つまり「ばらつき」が個人差を意味します。心理学は，個人差と一般性，両方に注目します。この調査結果だけですとよく分かりませんが，日本人の「どちらかといえば賛成」44.5％の人の中にどのようなばらつきがあるのか，といった点は興味のあるところです。同じように「どちらかといえば賛成」と答えた場合でも，人によって様々な理由から「どちらかといえば賛成」と答えているに違いありません。一般性に着目して「わりと賛成しているな」で終わるのではなく，さらに詳しく個人差をみていくと，より精緻な研究になるでしょう。

26

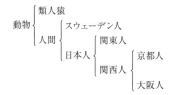

図 2-2 様々な段階における個人差と一般性

　以上のように，日本人の中で個人差と一般性を考えることもできますし（例：「関東人と関西人の違い」と「日本人の特徴」），さらに上のカテゴリーに行って，人間の中で個人差と一般性を考えることもできます（例：「日本人とスウェーデン人の違い」と「人間の特徴」）。さらには動物の中で個人差（個体差）と一般性を考えることもできます（例：「人間と類人猿の違い」と「動物の特徴」）。それぞれの段階で，個人差と一般性を考えているのです（図 2-2）。このように，心理学は，ある特定の集団に共通する特徴を扱うこともあれば，さらにその集団内の個人差に目を向けることもあります。この両方に目を向けながら，人間理解を目指しているのです。

　私たちは，よく「○○大学の人は活発だよね」とか「○○人は暗いなあ」といったイメージを持ちます。こうしたイメージは，○○大学，○○人という集団の特徴で，集団に属している個人差は問わない全般的傾向，つまり一般性です。それに対して，「○○さんはとっつきにくい」「○○さんはとっつきやすい」というのが個人差です。先の「特定集団の特徴」という一般的なイメージは，比較的簡単に持つことができます。人には，細かな点は無視して，おおまかな印象で捉える傾向があるからです（「ステレオタイプ」）。それに対して，目の前の一人の人間を理解するのは大変なことです。17 世紀フランスのモラリストのラ・ロシュフコオという人は，以下のような言葉を残しています。

　「人間一般を識ることは，個々の人間を識ることよりたやすい」（ラ・ロシュフコオ／内藤濯（訳）(1983)『箴言と考察』グラフ社）

　心理学では，上記のことがあてはまるように思います。例えば，子どもの感

情の発達についてみてみましょう。遠藤利彦（「観察によるアプローチ」大村彰道（編著）（2000）『教育心理学研究の技法』福村出版）は次のように述べています。

「今や，子どもが一般的にだいたいいつ頃からどのような感情を現し始めるのか，あるいはまた他者が発した感情に対して平均していつ頃からどのような反応あるいは理解を示すようになるのかといったことに関して，ほぼ一定の見方が固まりつつあるといっても過言ではない。しかし，このような『一般的・平均的な』感情の発達過程に対して，なぜある子は泣いてばかりいて，また別の子どもはいつもニコニコしているのか，そうした『個人差』およびそれがなぜ生じてくるのかについては，相対的に研究が立ちおくれているといわざるをえない」

　こうした状況は，感情の発達研究に限らず，至るところでみられると思います。一般性についてある程度分かっても，個人差を理解するのは難しいのです。例えば，計算テストを都心と郊外で実施して，平均だけをみて（つまり一般性をみて），「都心は郊外よりも成績がよい」と結論づけるようなことはよく行われることかもしれません。ですが，なぜ都心の小学校のあの子は成績がよくて，同じ都心の小学校のこの子は成績がよくないのか，といった個別的な理解は別の問題になってきます。一般的傾向を知ったからといって，それは即，個々の人間を理解したことにはなりません。個人差と一般性は車の両輪です。両方があって初めて人間理解が進むのです。

変数とデータ

　性格には個人差があります。心理学では，性格をいろいろな方法で調べます。そのひとつに，第1章でみたとおり，質問項目に回答してもらうことで性格を把握する**質問紙法**があります。そこでは回答結果を数値で置き換え，得点で表すことがよく行われます。第1章に挙げた例で，一郎君の神経質得点は，$1 + 1 + 1 + 1 + 1 = 5$点，智子さんの神経質得点は，$5 + 5 + 5 + 5 + 5 = 25$点でした。このように，神経質得点は人によって変わります。また，小学生の算

第2章 データをながめる

表2-2 算数の計算テスト成績

霞ヶ淵小学校（都心）			ひばり台小学校（郊外）		
名前	性別	点数	名前	性別	点数
秋子さん	女	60	次郎君	男	50
光君	男	100	淑子さん	女	40
美帆さん	女	50	明君	男	50
ゆかりさん	女	20	健一君	男	60
翔太君	男	70	花子さん	女	50

表2-3 データ入力形式

Akiko	k	f	60
Hikaru	k	m	100
Miho	k	f	50
Yukari	k	f	20
Shota	k	m	70
Jiro	h	m	50
Yoshiko	h	f	40
Akira	h	m	50
Kenichi	h	m	60
Hanako	h	f	50

数の計算テストの例でも，「霞ヶ淵小学校」の小学生5人の得点は，60点，100点，50点，20点，70点，「ひばり台小学校」の小学生5人の得点は，50点，40点，50点，60点，50点，と，これについても人によって違っていました。このように，性格であれ学力であれ，「人によって変わるモノ（特性・属性）」のことを**変数**といいます。もちろん，人によって変わらないこともあります。「ひばり台小学校」の場合，同じ50点の人が3人います（次郎君・明君・花子さん）。このように必ずしも全員が同じ値でなくても，とにかく，人によって違う可能性があるモノを変数といいます。

　何らかの変数について測定した結果の集まりを**データ**といいます。個々の値，例えばある人の30点という値もまた「データ」なのですが，一般には「たくさん集めたもの」の方を「データ」と呼ぶことが多いと思います。表2-2は，第1章の表をちょっと変えた（性別を加えた）ものですが，こういったものがデータです。心理学ではこうしたデータを扱うことが多いのです。

　さて，データはどのように並んでいるのでしょうか（表2-2）。例えば，秋子さんに注目してみましょう。秋子さんのところには，「女」「60」と2つの変数の値が書かれています。このように，縦に調査対象者（データを提供してくれた人）を並べ，横に各人の変数の具体的な値を並べることが一般的です（なお，実際の並べ方はデータによっていろいろですが，ここでは仮に生年月日順に並べてあるとします）。コンピュータに入力する時も，通常このような形式で行います。その場合は，表2-3のように，データは半角英数字で入力することが一般的で，女性は「f」（female），男性は「m」（male），霞ヶ淵小学校を「k」，ひばり台小

29

学校を「h」というように，しばしば略します。

　表2-3の1列目は調査対象者の名前です。ですが，個々人の名前は必ずしも入力しません。個人が特定できないように，例えばID番号で入力することが一般的です。2列目は学校名，kが霞ヶ淵小学校，hがひばり台小学校，です。3列目は性別です。そして4列目がテスト得点です。**列は縦方向，行は横方向**を意味します。列方向にそれぞれの変数の具体的な値が並び（1列目は名前，2列目は学校名，3列目は性別，4列目はテスト得点），行方向にはそれぞれの調査対象者がいる（1行目は秋子さん，2行目は光君，……），ということになります。

　先にも述べましたとおり，こうしたデータをまずながめてみることは重要です。表2-2のようにサンプルサイズが小さければ，個人差と一般性について比較的簡単にみえてくる場合もあるからです。

変数の種類

　表2-2ですが，第1章のデータにひとつだけ新しい変数を加えています。それは「性別」という変数です。性別，つまり男・女は，数値ではありません。でも，これも変数なのです。性別を入れると，これまでの「学校によって違うか」という問題に加えて，性別による差（男女どちらが成績がよいか）という問いも出てきます。

　変数には，大きく分けて2種類あります。それは，**量的変数と質的変数**です。量的変数とは，「量が人によって変わるモノ」で，身長がその例です。身長は人によって様々です。また，計算テストの点数も，性格検査の得点も，量的変数です。量的変数とは，その値が，大小，強弱，増減などを示すものです。変数というと，この量的変数を思い浮かべる人が多いかと思います。けれども，変数は，何も量的なものに限りません。「男か女か」とか「血液型が何型か」とか，こうしたことも人によって変わるモノですから変数です。ただ，これらは，大小，強弱，増減を示す変数ではありません。「あの人は，こっちの人よりもちょっとだけA型」ということはありえません。A型かB型かO型かAB型か，人の血液型はそのどれかに分かれます。性別も男性か女性のどちらかです。このように，「分類」を意味する変数のことを**質的変数**といいます。

第2章　データをながめる

変数：「変わりうる数」
- 質的変数：「分類」
- 量的変数：「大小」「強弱」
  - 連続変数：「連続」
  - 離散変数：「とびとび」

図2-3　変数にもいろいろ

「質が変わるモノ」のことです。

　当然のことかもしれませんが，変数の種類によってデータの処理の仕方が異なってきます。例えば，身長のような量的変数であれば，足し算，引き算などができ，平均を出すことができます。しかし，質的変数の場合は，「（女＋男＋女）÷3」ということはできません。

　量的変数は，さらに2種類に分けることもあります。**連続変数**と**離散変数**です。連続変数の典型例は身長です。身長は，173.2432……cmと，目盛りさえ細かければ（つまり精度の高い身長計さえあれば），小数点以下どんどん細かくみることができます。ところが，計算テストの場合は，例えば53.23点，などありません。なぜなら，採点の単位は一番細かくても1点であるのが通例で，それより細かい値はありえないからです。したがって，テストの得点は，50点，51点，52点と，間を1点ずつあけてとびとびなのです。こういう変数を離散変数と呼びます。

　以上のような変数の種類とその関係をまとめると，図2-3のようになります。

図の有効性

　表2-2から，霞ヶ淵小学校は「100点の人もいれば，20点の人もいる，都心の学校ではきっとできる人とできない人の差が大きいんだな」と，ひばり台小学校は「みんな50点くらいだな，でき・ふできがあまりないんだな」ということがみてとれました。このようにサンプルサイズが小さいデータの場合には，「ぱっとみた印象」による説明でも何とかなるかもしれませんが，サンプルサイズが大きくなると困ってしまうので平均を出してみよう，というのが第1章の説明でした。

31

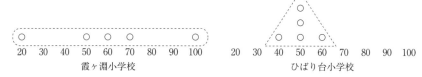

図 2-4 計算テストの結果

　しかし，何もいきなり平均の計算をしなくても，もっと手っ取り早く，しかも分かりやすくその特徴をみることができます。それは図に表すことです。得られたデータを，図 2-4 のようにまとめてみる工夫をしたとしましょう。

　図 2-4 では，児童 1 人を〇で表現しています。横軸に書いてある数字は点数です。どの点数のところにどれだけの児童がいるかを図示しています。それぞれの小学校の点数の分布は，破線で囲んだような形にみえてきませんか。

　人間はものごとをイメージで捉える力を持っています。図 2-4 をみると，何となくこんな分布だなとイメージで把握できるでしょう。これは重要なことです。こうしたイメージをもっとはっきり持てるよう，まずは図を描いてみましょう。卒業研究などで初めてデータを手にすると，いきなり平均などを計算し始めてしまうことが多いのですが，まずはデータをみやすく整理することが大切です。そのためには，データをいろいろな形で図や表にすることが有効です。

　さて，それでは，どのような図があるのでしょうか。そこから何が分かるでしょうか。具体的にみていきましょう。

度数分布表

　まずは，これからの説明に使用するデータを示しましょう（表 2-4）。

　日本の家族は社会の変革期の中で揺れ動いています。そこで，心理学でも家族についての研究が盛んです。表 2-4 は，日本の家族についての研究から，ランダムに 20 カップルを選び出し，各カップルの「子どもの数」「夫の結婚満足度」「妻の結婚満足度」「貯蓄高」という 4 つの変数を示したものです（このデータは仮想データですが，実際のデータ（柏木惠子ほか『社会変動・家族・個人の発

第2章　データをながめる

表2-4　夫婦関係のデータ

番号	夫妻	子どもの数（人）	夫の結婚満足度（点）	妻の結婚満足度（点）	貯蓄高（万円）
1	金井	2	80	30	2000
2	加藤	2	80	30	2000
3	中村	0	60	10	3000
4	中川	4	80	70	5000
5	安藤	1	70	20	1000
6	横田	1	70	10	0
7	木下	2	80	30	0
8	山岸	2	90	20	4000
9	鈴木	1	70	40	3000
10	渡辺	2	90	30	0
11	葉山	2	90	20	4000
12	今野	2	90	40	4000
13	清水	2	80	30	3000
14	神谷	2	50	40	0
15	上杉	2	100	50	4000
16	小松	3	90	20	1000
17	前田	2	80	40	5000
18	秋山	4	90	60	5000
19	森	2	80	20	1000
20	斉藤	2	80	30	2000

達に関する発達・文化心理学的研究』科学研究費（基盤研究（B）(1)）研究成果報告書,
研究課題番号 12340038, 2003 年）に似せて作ってあります。なお, カップルの姓は架
空のものです）。20 カップルの夫はすべて, 大学卒で, 大企業に 20 ～ 25 年勤
続しています。ここで取り上げた 4 変数は, いずれもそのカップルの特徴を示
すもので, 夫婦関係を左右している変数です。

　まず, 表2-4 の 4 種類の変数の様子をひとつずつみてみましょう。第 1 の
変数「子どもの数」からみていきますが, これを図にする前に, 表を作り直し
てみましょう。表2-4 は, 調査対象者 20 人をランダムに選び出した順にデー
タを並べたものでしたが, 変数によって得点の散らばり方などの特徴が違うの
で, このような一覧表では, データの様子がうまく捉えられませんね。そこで,
変数ごとに得点の高い順に対象者（カップル）を並べなおしてみます。このよ
うに並び替える作業のことを**ソート**といいます。

33

表2-5 「子どもの数」順		表2-6 「夫の結婚満足度」順		表2-7 「妻の結婚満足度」順		表2-8 「貯蓄高」順	
番号	子どもの数 (人)	番号	夫の結婚満足度 (点)	番号	妻の結婚満足度 (点)	番号	貯蓄高 (万円)
4	4	15	100	4	70	4	5000
18	4	18	90	18	60	17	5000
16	3	16	90	15	50	18	5000
1	2	12	90	9	40	8	4000
2	2	11	90	12	40	11	4000
7	2	10	90	14	40	12	4000
8	2	8	90	17	40	15	4000
10	2	20	80	1	30	3	3000
11	2	19	80	2	30	9	3000
12	2	17	80	7	30	13	3000
13	2	13	80	10	30	1	2000
14	2	7	80	13	30	2	2000
15	2	4	80	20	30	20	2000
17	2	2	80	5	20	5	1000
19	2	1	80	8	20	16	1000
20	2	9	70	11	20	19	1000
5	1	6	70	16	20	6	0
6	1	5	70	19	20	7	0
9	1	3	60	3	10	10	0
3	0	14	50	6	10	14	0

　それが表2-5～表2-8です。○○夫妻という固有名詞は取り，代わりに番号に変えています。こうすることで誰のデータか分からないようにし，調査によってプライバシーが暴かれることを防ぐ一助になります。これらの表から，各カップルが変数ごとに20組中どのあたり（高い方か，低い方かなど）にいるかが分かります。

　では次に，この得点順に並べ替えた表に基づいて，「同じ得点の人が何人いるか」を数えてまとめてみましょう。これを**度数分布表**といいます。その一例が表2-9で，これは表2-6を度数分布表にしたものです。

　度数とは，一言でいえば「個数」のことで，それぞれの変数の具体的な値（得点）が，いくつあったか（何人いたのか）を意味します。得点ごとに，度数

34

第2章　データをながめる

がどのように分布しているかを示した
ものが度数分布表です。例えば，70
点の人は3人いることが分かります。
しかし，度数をみているだけですと，
その数が大きいのか小さいのか分かり
にくいことがあります。複数の表を比
較する場合，全体で何人いるかで，そ
の度数の大小の意味が変わってくるか
らです。そこで，全体の数の「何分の

表2-9　夫の結婚満足度についての
度数分布表

点数	度数（人）	相対度数（％）
50	1	5
60	1	5
70	3	15
80	8	40
90	6	30
100	1	5
合計	20	100

何」という視点から考える必要が出てきます。この「全体の何分の何」のこと
を**比率**といいます。表2-9の中に**相対度数**とありますが，これは，その度数
が全体の度数（これを**総度数**といいます）の何％かを示したものです。相対度数
は，この表のように「50％」と％で表す場合もあれば，「0.5」と比率で表す場
合もあります。度数の大小は，総度数によって変わってきます。例えば，「総
度数100の場合の度数10」と，「総度数10の場合の度数10」とでは，まった
く意味が違ってきます。

　総度数が違う場合でも，相対度数をみれば相互に比較することができます。
例えば表2-10をみて下さい。これは，心理学関係の学会で会員数が2000人
以上の大きな学会について，女性会員がどの程度いるか，また女性役員がどの
程度いるかを調査した結果です。

　例えば，日本発達心理学会と日本教育心理学会をみて下さい。日本発達心理
学会の女性会員数は1847人，日本教育心理学会の女性会員数は2902人です。
これをみて，日本教育心理学会の方に女性が多い，と単純にいってしまってよ
いでしょうか。これだけではどちらが多いか判断できません。なぜなら，会員
総数が違うからです。そこで，これを全会員数を考慮して％に直しますと，日
本発達心理学会は64.8％，日本教育心理学会は46.8％となり，日本教育心理学
会の女性の割合は相対的に小さいことが分かります。このように，相対度数で
考えると「平等な比較」になります。この表2-10をさらに詳しくみていきま
すと，両学会の女性役員は，日本発達心理学会が42.3％，日本教育心理学会が

35

表 2 - 10　心理学関係の学会の女性会員・女性役員

団体名称	会員総数 （人）	女性会員 数（人）	会員中女性の 相対度数（%）	役員中女性の 相対度数（%）
日本発達心理学会	2851	1847	64.8	42.3
日本カウンセリング学会	4514	2778	61.5	21.9
日本教育心理学会	6202	2902	46.8	8.1
日本心理学会	6459	2454	38.0	14.3
日本精神分析学会	2008	670	33.4	17.9
日本心身医学会	3460	950	27.5	0.0
日本心理臨床学会	11900	性別登録を行っていない		15.6
日本特殊教育学会	3802	性別登録を行っていない		9.4

＊2002年度日本学術会議第18期ジェンダー問題の多角的検討特別委員会が中心となり，日本学術会議登録全学術団体を対象に行われた調査より．

8.1％と，さらに大きく違っています．日本発達心理学会では女性の役員が多いのに対して，日本教育心理学会は女性が登用されていないことが分かるでしょう．

棒グラフ・ヒストグラム

　度数分布表だけでは，イメージを持つことがちょっと難しいかもしれません．そこで，これを図にしてみましょう．横軸に得点を，縦軸に度数の目盛りをつけ，得点ごとの度数を棒の高さで表す，これを図にしたものが図2-5です（表2-6の「夫の結婚満足度」のデータを図にしたものです）．これを**棒グラフ**といいます．さらに，横軸を変更し棒と棒の間をあけずに並べたものが図2-6ですが，これを**ヒストグラム**といいます．棒グラフとヒストグラムは，ともに「棒」を用いるので混同されることも多いのですが，この場合は棒グラフを使うことが望ましいです．棒グラフは質的変数の時，ヒストグラムは量的変数の時，にそれぞれ用いますが，この場合，「夫の結婚満足度」は量的変数ではあるものの，10点きざみ，つまりとびとびですので，量的変数の中の離散変数です．離散変数の場合は棒グラフがよいといわれます（棒と棒の間にすき間があること＝離散的，なので）．

　ヒストグラムでは，量的変数の場合に横軸を区間に区切って，それぞれの区

第2章 データをながめる

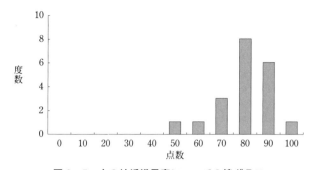

図2-5 夫の結婚満足度についての棒グラフ

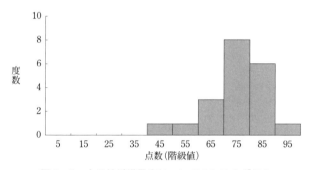

図2-6 夫の結婚満足度についてのヒストグラム

間に何人いるか，というように表します．図2-6をみて下さい．横軸に，5, 15, 25, ……と並んでいるのは，各々0～10（0より大きく10以下），10～20（10より大きく20以下），20～30（20より大きく30以下），……という区間の真ん中の値です．このような区間のことを**階級**といい，それぞれの階級の真ん中の値を**階級値**といいます．各階級に何人いるか，ということを図にするわけです．図2-6の場合は，離散変数であり，またサンプルサイズが小さいこともあって，ヒストグラムとして表現することは望ましくありませんが，いずれにしても，このように図にしてみると，一見して分布の特徴をイメージとして捉えられるでしょう．図より，どちらかといえば，多くの夫が結婚に満足している傾向にありそうだということがみてとれます．

さて，表2-4の4変数の残り，「妻の結婚満足度」「貯蓄高」「子どもの数」

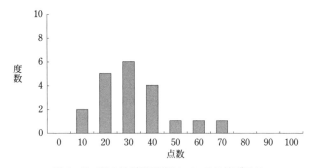

図2-7 妻の結婚満足度についての棒グラフ

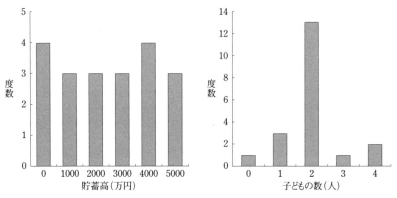

図2-8 貯蓄高についての棒グラフ　　図2-9 子どもの数についての棒グラフ

について棒グラフにしてみたのが，図2-7～図2-9です。妻の結婚満足度（図2-7）を夫（図2-5）と比較してみて下さい。妻は夫よりも得点が低い方に偏っていますね。妻は夫よりも結婚に満足していないことが分かります。

　次に貯蓄高です（図2-8）。貯蓄高は，貯蓄がまったくない0円から5000万円という高額まで分布していて，どこが多いということはありません。データは，いずれも夫が大学卒大企業勤務の家庭ですが，消費型のカップルもいれば，親の遺産が入った家もありと事情は様々で，このような分布になっているのでしょう。

　最後に，子どもの数です（図2-9）。少子化時代を反映して，大半のカップ

第2章　データをながめる

ルで子どもは2人であることが分かります。子どものいないカップルも，3人，4人のところもあります。

　以上みてきたように，変数によって分布の形は様々です。山の頂点が右よりのもの（図2-5：夫の結婚満足度），つまり高得点の方に偏っているものもあれば，逆に左よりのもの（図2-7：妻の結婚満足度），つまり低得点の方に分布が偏っているものもあります。また，分布が広い範囲に一様にわたっているなだらかなもの（図2-8：貯蓄高）もあれば，ある部分に集中して突出してかたまり，けわしい山になっているもの（図2-9：子どもの数）もあります。

　山の頂点が右よりということは，平均が高いということです。反対に，山の頂点が左よりということは，平均が低いということです。また，分布がなだらかということは，ばらつきが大きいということです。反対に，分布がけわしいということは，ばらつきが小さいということです。平均は同じでも（＝山の頂点の左右の位置は同じでも），分布がなだらかな（＝個人差が大きい）こともあれば，得点が一ヶ所に集中している（＝個人差が小さい）場合もあるでしょう。例えば，同じ小学校の3年生2クラス（A・B組）の算数のテスト成績は，ともに平均80点だったとしても，A組は下は40点の子どもから上は100点の子どももいる，他方，B組はほとんどの子どもが75～85点の範囲の得点であった，という場合です。このような場合，A組とB組の先生の教え方は違ってくるでしょう。平均だけで比較するのは危険で，分布の形をみることが重要だといえます。そのために，棒グラフ・ヒストグラムを描くことによって，分布の特徴をイメージとしてつかむことができます。

　このように，図を用いるとイメージで特徴を捉えやすいという利点があります。しかし，注意すべき点があります。それは，目盛りのとり方によって，同じデータでもイメージがずいぶん異なってしまうことです。図2-7とまったく同じデータで，縦軸の目盛りを変えて作ったのが図2-10の棒グラフです。イメージがずいぶん違いますね。図2-7の方が，平たくみえます。参考までに，私たちが普段目にしている広告などでも，このように縦軸を変えることによって，意図的にある印象を抱かせるようにしたものがありますので，こうした図を用いた表現をみる時には（そして，自分がそういう表現をする際にはもちろ

39

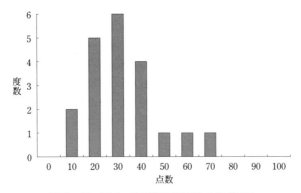

図2-10 図2-7の縦軸を変更した棒グラフ

ん）目盛りに注意が必要でしょう。

　このように注意すべき点はありますが，何といっても図は「目でみてぱっと分かる」という点で便利なものです。調査や実験などをしてデータをとったら，まずは分かりやすく図表化してみることが大切です。いきなり統計的分析にとりかかるのではなく（例えば，いきなり統計ソフトを使って○○分析を始めたりではなく），まず表や図にしてみることで，いろいろなことがみえてきます。図表でおおまかな特徴をつかんでおくことで，これからどんな分析をしたらよいかのヒントも得られるからです。

散布図

　これまでは，ひとつひとつの変数について，別々にその分布をみてきました。しかし，1変数についての分析以上に，変数と変数との関係をみることは面白いでしょう。例えば，神経質な人は，やさしい人なのでしょうか。この場合，「神経質さ」と「やさしさ」という2つの変数についてその関係を考えていることになります。親に過保護に育てられた人はわがままなのでしょうか。この場合，親の「過保護な養育態度」と子どもの「わがまま」という2つの変数がどう関係しているかを問題にしています。例えば，何組かの親子を数年にわたり追跡調査し，まず幼少期の養育場面における親の「過保護度」について測定した上で，何年か後に，自由遊び場面における子どもの「わがまま度」を測定

第2章　データをながめる

表2-11　計算テストと国語テストの成績

霞ヶ淵小学校（都心）			ひばり台小学校（郊外）		
名前	計算テスト得点	国語テスト得点	名前	計算テスト得点	国語テスト得点
秋子さん	60	50	次郎君	50	60
光君	100	90	淑子さん	40	50
美帆さん	50	40	明君	50	30
ゆかりさん	20	10	健一君	60	60
翔太君	70	60	花子さん	50	40

して，その両者の関係をみたり，という研究です。また，先の夫婦関係の例ですと，「貯蓄高」が多ければ，「妻の結婚満足度」は高くなるのだろうかという疑問は，この2つの変数の関係を考えていることになりますね。

　先の「計算テスト」の場合，同じ子どもたちに，計算テスト以外に，「国語テスト」も実施していたとします。すると，計算と国語両方の得点が得られるわけですから，2つの変数の間にどのような関係があるか，という疑問が出てくるのは自然でしょう。例えば「算数の成績が悪いのは国語力と関係があるのでは？」とか，「国語力が低い人は算数の成績も低いのでは？」といったことを知りたくなります。

　表2-11は，計算テストのほかに国語テストも調べて，両方の成績を並べて示したものです。これをみますと，全般的に計算の点数がよい人は国語の点数もよく，反対に計算の点数が悪い人は国語の点数も悪いことがみてとれます（例えば，光君は計算も国語もよい点数ですが，反対にゆかりさんは計算も国語も点数が悪いです）。つまり，計算力と国語力は，ある程度「連動」している，ということになります。このように，2つの変数について同時に考えることは，ひとつずつについてみる以上に面白いものです。

　しかし，この場合も，表をみるだけでは2つの変数の関係はいまいちはっきりみえてきません。そこで，これを図にしてみます。今度はひとつの図に1変数だけではなく，2つの変数の様子を同時に示してみるのです。さて，どうするのでしょうか。

　図2-11のように，ある1人の子どもの計算テストを横軸に，その同じ子ど

41

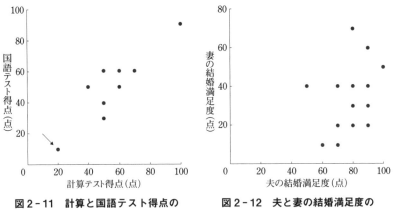

図2-11 計算と国語テスト得点の散布図

図2-12 夫と妻の結婚満足度の散布図

もの国語テストを縦軸にとるのです。例えば、ゆかりさんは計算テストが20点、国語テストが10点と低めです。このゆかりさんの値は、図中の矢印を付けた●です（子どもが10人いるのに●が9つしかないのは、美帆さんと花子さんが計算テスト、国語テストで同点であるため●が重なっているからです。以下、この「重なり」のために人数と●の数が一致しない場合があります）。このような図を散布図といいますが、さらに詳しい説明を夫婦関係のデータでしてみましょう。

図2-12をみて下さい。横軸上にひとつの変数「夫の結婚満足度」を、縦軸上にもうひとつの変数「妻の結婚満足度」をとって、調査対象の各カップルの値を入れてみます。1組のカップルの夫と妻の結婚満足度を、それぞれ横軸上、縦軸上の該当する値にとり、その2つが交わるところに位置づけるのです。このように、2つの変数を対応させて分布をみたものを**散布図**といいます。また、これは、2つの変数が相互にどう関係しているかを示すので**相関図**ともいいます。相関の意味については後ほど説明しますが、この例でいえば、結婚への満足度は夫と妻でどのくらい関係しているのか、この図からみてとれるでしょう。大まかにいえば、夫の結婚満足度が高いと妻の結婚満足度も高い、夫の結婚満足度が低いと妻も低いという関係がみてとれますね。ただし、それほど強い関係ではありません。実際のデータでは、このように、必ずしも明瞭な関係が現

第2章 データをながめる

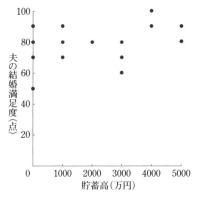

図2-13 貯蓄高と夫の結婚満足度の散布図

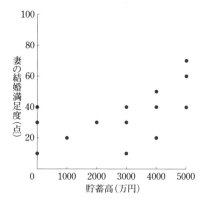

図2-14 貯蓄高と妻の結婚満足度の散布図

れるとは限りません。むしろ，調査研究などでは，こうした「微妙な」関係の方が一般的といえるかもしれません。

次に図2-13をみて下さい。貯蓄高の多少と，夫の結婚満足度の高低はほとんど関係ないようです。どの貯蓄高においても，夫の結婚満足度得点は，比較的同じように分布していますね。

続いて図2-14をみて下さい。夫の場合とは違って，妻では貯蓄高の多少は結婚満足度と関係しているようです。大まかな傾向として，貯蓄高が多くなればなるほど，妻の結婚満足度得点は高い方へ伸びていきますね。貯蓄高が多い場合，妻は結婚に満足しているが，貯蓄高が少ない場合は，結婚満足度は低いといえそうです。

以上のように，2つの変数の関係をみることは，ひとつの変数の様子をみる以上に面白いと思います。表2-4にある変数以外でも，例えば「余暇の時間」など，他の変数についても測定すれば，また違う側面がみえてくることでしょう。このように，自分の研究でどのような変数について測定するのか考えることは楽しいと思います。データ収集前に「このような関係になるのでは」と予想していて，実際そのとおりになることもあればならないこともあり，結果が目の前に出る直前はとてもワクワクします。

さて，以上みてきた散布図は，実際のデータに似せて作っている関係上，2つの変数の関係がそれほど明瞭でない場合もあります。実際の研究では，このように，はっきりとした関係が見出されないことも少なくありません。さらに，前記の例では，サンプルサイズが小さいため，散布図における「点のつまり具合」が「すかすか」であるという問題点もあります。実際の研究では，散布図をみる場合にはサンプルサイズがもっと大きいことが望ましいですが，研究によっては大きなサンプルサイズがなかなか得られない場合も多くあります。ただ，いずれの場合も，ひとまず散布図を描いてみるということは重要です。

　そこで今度は，2つの変数の関係が明瞭な場合（加えて「点がつまっている」場合）を示しておきましょう。以下のように，右上がりだったり（図2-15），左上がりだったり（図2-16），まんまるだったり（図2-17），U字型だったり（図2-18），逆U字型だったり（図2-19），様々な形のものがあります。このような散布図の違いは，2つの変数の関係の仕方の違いによっています。なお，これまでの例の場合，横軸に夫，縦軸に妻，と2つの軸に別々の人の値がとられていますが，最も一般的なケースは，同じ1人の2つの値を両軸にとることです。例えば，ある1人の子どもの計算テストの値を横軸に，その同じ子どもの国語テストの値を縦軸にとる（図2-11参照）という場合です。

　このように，2つの変数の分布の様子を同時に平面上に表すことで，2つの変数がどのような関係にあるかがイメージとしてみえてきます。例えば，変数Aの値が大きくなると変数Bの値も大きくなるとか，それとは逆に，変数Aの値が大きくなれば変数Bの値が小さくなるとか，様々な関係です。こうしたことは，小学生の時に習った比例・反比例に似ていますね。図2-15のような「右上がり」は，比例関係に似ているといえます。ですが，「片方が決まればもう片方がひとつに定まる」といったような関係は，心理学で扱う現象にはまずありません。「国語テストが50点の人は，絶対に計算テストが45点」（つまり，計算テスト＝国語テスト×0.9）など，ありえない話です。人間にはいろいろな人がいますから，「こうだからこう」といった，2つの特性（変数）が完全な対応関係を持つことはほとんど見出されないのが普通です。

　さらに，図2-15・図2-16のような比較的「きれい」な散布図にすら，（研

第2章 データをながめる

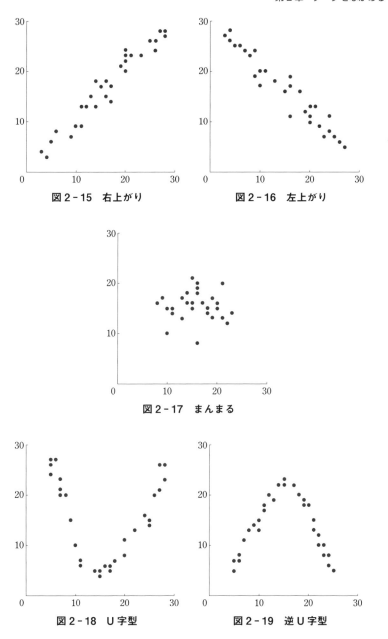

図2-15 右上がり

図2-16 左上がり

図2-17 まんまる

図2-18 U字型

図2-19 逆U字型

究にもよりますが）それほど多くはお目にかかれないかもしれません。むしろ，心理学のデータは，夫婦関係のデータの図2-12のように，「大まかにいえば○○という関係にあります」という感じになることが多いでしょう。「私は白黒はっきりしたいタイプなので，こんなにはっきりしないのはいやだ」という人もいるかもしれませんが，人間の心に関するデータですから，むしろ，はっきりした関係が見出されないことが多いと思った方がよいかもしれません。人間には個人差がありますから，例えば貯蓄高が同じでも結婚満足度は様々なのです（お金がたくさんないと満足しない人もいれば，少しでも満足する人もいますよね）。でも，もしはっきりした関係が分かってしまったら，それはそれで怖いことだと思いませんか？　例えば，貯蓄高と妻の結婚満足度の関係が，図2-15のように，きれいな右上がりになってしまったら，「お金さえあれば……」ということになってしまいます。「もちろんお金も重要，でもそれ以外のことも」ということで，なんとなく右上がりとなるのです。この曖昧さこそが，人間の本質を表しているともいえるでしょう。

　なお，以上の「2つの変数の関係」でいう「関係」とは，**因果関係**ではないことに注意して下さい。因果関係というのは，「○○が変われば△△が変わる」という「原因→結果の関係」のことです。図2-15の右上がりの散布図をみますと，横軸の値が大きくなれば，縦軸の値も大きくなるということで，何となく「横軸＝原因，縦軸＝結果」であるように思うかもしれません。これはちょっとおかしなことです。というのは，例えば，「夫の結婚満足度と妻の結婚満足度」でしたら，夫が満足すれば（＝原因），妻が満足する（＝結果），ということにはなりませんよね。結婚生活は相互作用ですから，夫が満足しているのをみて妻が満足することもあれば，その逆もある，つまり「原因→結果」の方向性はないのです。散布図でみてとれるのは，あくまで2つの変数の相関関係にすぎず，そこから早まって因果関係についてまで分かったかのように考えるのは間違いです。

第2章 データをながめる

子どもの母親への愛着

——年齢によっても変化し，文化によっても異なる——

本章では，データをながめる上での図表化について話しました。
ここでは実際の研究での図表化の一例を示します。

安全・安心の基地としての愛着

　赤ちゃんは自分を可愛がり世話してくれる人が大好きです。その人に抱かれれば嬉し
そうにニコニコしますし，そばにいるだけでも安心したように機嫌よくしています。そ
れが，ちょっとその人の姿がみえないと赤ちゃんは泣き出したり落ちつかなくなってし
まうものです。このような現象を「愛着」といいます。

　赤ちゃんの愛着の対象は母親であることが多いのですが，それは母親が主な育児役で
ある場合が多く，赤ちゃんの様子をよくみて，求めているものを察知して応えてやって，
心身とも気持よい状態になるよう日ごろ配慮しているからです（同じように愛情を持っ
て気配りのある世話をする人なら，赤ちゃんは母親に限らず愛着を示すものです）。赤
ちゃんに愛着の対象が存在することは，ただその人に甘えているということではありま
せん。その人がいることが，子どもの安全／安心の源泉であり，それを基点として新し
いことへの冒険や，困難な課題に挑戦することができるのです。つまり，母親への愛着
は子どもの探検や積極的活動の「安全／安心の基地」なのです。長ずるにしたがって愛
着のあり方は変化していきます。母親がその場にいなくても，母親の存在を心の中で確
かめることで安心感を持ち，冒険ができるようになっていきます。

　さて，赤ちゃんの愛着の対象は誰か，それが今どのような役割を果たしているかなど
を，どのように捉えることができるのでしょうか。まだ言葉が通じない赤ちゃんの場合，
母親がいなくなると混乱する（泣き出す／いやがる）かどうかをみることで，その子の
母親の存在の意味——愛着の有無——をみる実験的な方法が工夫されています。

文化によって異なる愛着の発達

　5ヶ国のいろいろな年齢の子どもを対象に，「母親が（それまで一緒にいた部屋から）
出ていった時，どのくらいの割合の子が泣き出したか」を比較したスーパー（Super,
C. H.）らの研究があります（図A）。まず全体をみわたすと，「泣く子」は年少期では
少ない／低いのが，やがて多く／高くなり，その後また少なく／低くなっていく山型が
みてとれるでしょう。年少のうちは母親不在の影響はほとんどないのが，15 ～ 20 ヶ月

47

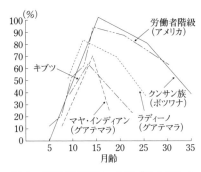

図A　母親が出ていった後「泣き出した子ども」の割合 (Super & Harkness, 1982)

くらいでは不在に泣いて抗議する，それがもう少し年長になると混乱は収まっていくというパターンは，どの国にも共通しています。ところが，国（地域・民族）ごとに詳しくみると，山型というパターンは共通ですが，国による差がかなりあります。全体として一番泣く時期（15ヶ月あたり）に，100％の子が泣き出すところ——アメリカやボツワナ——もあれば，他方，泣く子は60％位に留まるところもあります（マヤ・インディアン，キブツ）。また，泣く子の減り方もところによる差が著しく，20～25ヶ月で泣く子はたちまち減ってしまうところもあれば，30ヶ月でもかなりの子が泣くところもある，といった具合に様々です。このように，この研究の場合，折れ線グラフで図表化すると，とても分かりやすいですね。

愛着の発達を規定するもの——単数（母親）養育か複数養育か

　このような国（地域・民族）による差は，一体何によるのでしょうか。子どものしつけや家族の形態と機能についての比較文化的な研究から，2つの要因が考えられます。第一の要因は子どもの養育が母親だけか，それとも父親，近隣の人，保育園など母親以外の複数の人が関わっているか，です。図Aで，泣く子が多く，またそれが後々まで続くところは，子どもの養育がほとんど母親である文化圏です。それに対してマヤ・インディアンやキブツでは複数養育であり，子どものそばにいる人が誰でも子の世話をしたり褒めたり叱ったりする「みんなで子育て」の社会です。キブツは，子どもは乳幼児のころから「赤ちゃんの家」で育てられる制度で有名です。

　子どもにとって，世話してくれる頼りの綱が母親だけだと，子どもの愛着は母親だけに焦点づけられることになります。だから，その母親の不在は大きな衝撃となるのでしょう。たいていの子が泣く，そして後々まで泣きが続くのは，この反映でしょう。母親以外に養育者がいることは，愛着は母親にだけでなく複数の人に向けられることになる，というわけです。その結果，母親の不在はそれほど大きな衝撃にならず，泣く子は少なく，また早期に消滅することになるのです。

しつけの重点——自立重視か保護／依存重視か

　もうひとつの要因は，しつけの重点がどこにあるかです。子どもの自立を重視するの

第 2 章 データをながめる

表 A　日本とアメリカの 3 歳児は誰と寝ているか

（東・柏木・ヘス，1981）

	日本 (76 人)	アメリカ (67 人)
1 人	4%	70%
同胞と	12%	25%
親と	72%	5%
その他・不明	12%	0%
計	100%	100%

か，親，とりわけ母親の保護――子の依存――を大事にするかです。この点を子どもの寝かせ方にみた研究があります。表 A は，日本とアメリカの 3 歳児が「誰と寝ているか」を調べた結果です。一見して，アメリカの 3 歳児はほとんどが 1 人でかきょうだいと寝ており，親と一緒は例外的という少なさなのに対して，日本の子ども（同じ 3 歳）で 1 人で寝ているのはむしろ例外，多くが親と一緒であることが分かるでしょう。単純な表ですが，文化差が一目瞭然ですね。この結果は，日本の方が家屋が狭いからだとか，部屋が少ないからではありません。子どもが幼いうちは母親がそばにいてやるのがよい，それで子どもは安心／安定するものだと考えられているからです。子どもは母親が保護する，保護する母親に子は依存する，それが幼少期の親子の大事な関係と位置づけられていることが窺えます。

　自立よりもまず保護／依存の関係を重視する日本の特徴は，子どもがどのように入眠するかにもみられます。図 B は，イギリスと日本の 0.1 ヶ月，6.7 ヶ月，12.13 ヶ月の子どもたちを，母親がどのように眠らせるかを比較した結果です。

　イギリスでは，ごく幼いうち（生後 1 ヶ月）は母親がそばに寄り添って寝かしつけますが，月齢が上がるにしたがってそれは急速に減り，時間になったら子どもの寝る部屋に 1 人おいて半ば強制的に入眠させる方法が主流となります。それに対して，日本ではどの年齢でも一貫して母親が子どもに寄り添って寝かしつけ，子どもが寝入った後で母親は子どものそばを離れるという方法がとり続けられています。ここにも，（たとえ心細くても）1 人で眠りにつく自立の訓練を重視するイギリス（欧米）と，母親の保護に依存した安心の関係を重視する日本，という対照がみてとれます。図 B はあまりみることのない 3 次元の図ですが，月齢・入眠方法・割合の 3 者が国別に分かりやすく表現されていますね。

　先の「母親の不在に泣く子」の研究に，日本の子どもは含まれていませんが，こうした日本の特徴を考えますと，日本の子どもはおそらく他のどの国の子どもよりもたくさ

49

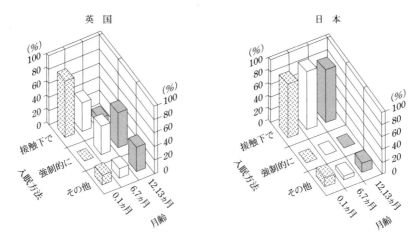

図B　イギリスと日本での子を入眠させる方法 （根ヶ山，1997）

ん泣くでしょうし，いつまでも泣きが続くと予想されます．このような文化比較のデータをみると，日本の子どもについてのデータだけから，ある子どもの愛着の有無や問題を結論してしまうのは早計であることが分かるでしょう．泣きの多さであれ，しつけの重点の違いであれ，それぞれの国の歴史や文化，社会体制などが深く関わっているからです．ここで強調したいのは，人の発達——愛着の形成——は人間に共通するものですが，それがいつ／誰に／どのように形成されるかは，子どもが生を受け育つ環境によって大きく規定されるということです．つまり，人間の心の発達には普遍性があると同時に，文化による規定性があるのです．それを明らかにするには，丹念な研究の蓄積とデータの多角的な分析——そこには図表を駆使することも含めて——が必須です．

文献

東　洋・柏木惠子・ヘス，R. D.（1981）．母親の態度・行動と子どもの知的発達——日米比較研究　東京大学出版会．
箕浦康子（1990）．文化のなかの子ども　東京大学出版会．
永野重史（2001）．発達とは何か　東京大学出版会．
根ヶ山光一（1997）．親子関係と自立——日英比較を中心に．柏木惠子・北山　忍・東　洋（編）文化心理学——理論と実証　東京大学出版会，pp. 160-179．
Super, C. H. & Harkness, S. (1982). The development of affect in infancy and early childhood. In Wagner, D. A. & Stevenson, H. W. (Eds.) *Cultural perspectives on child development*. W. H. Freeman and Company.

第**3**章
数値にまとめる

数値にまとめること

表3-1 漢字テスト成績

銀座東中学校（都心）		野山中学校（郊外）	
名前	点数	名前	点数
友世さん	50	広志君	70
雄二君	90	真理さん	50
知美さん	70	真治君	60
恵理子さん	60	大地君	50
健太君	30	陽子さん	70
数値要約　↓		数値要約　↓	
平均	60	平均	60

第2章のように，集めたデータを図表に表してみると，いろいろなことが分かりました。けれども，図表化するだけですと，その先に進めない場合も多いでしょう。例えば，変数がたくさんある場合，そのひとつひとつをいちいち図表化して，それらの図表を全部掲載して卒業論文にする，ということになると，文章よりも図表が多くなり「論文」とはいい難いものになってしまうでしょう。また，それぞれの図表にいちいち説明をつけたとすると，いっそう読みにくく冗長な論文になってしまうでしょう。そこで，データの様子を，ひとつの数値に要約して表す工夫が必要です。

表3-1は，銀座東中学校と野山中学校の国語の漢字テストの成績です。どちらの学校にもいろいろな点数の人がいますね。その特徴を，中学校別に，5人の値の平均で要約することができます。

このように，データをひとつの数値でまとめることを**数値要約**といいます。また，数値要約された値のことを**要約統計量**といいます。要約統計量には，**代表値**と**散布度**があります。代表値とは，平均がそのひとつですが，あるデータの分布の中心位置が左右のどの辺にあるか示した値です。一方，散布度とは，その分布がどれだけなだらかか，けわしいか，つまり散らばり具合を示した値です（図3-1）。

表3-1のデータでは，平均で数値要約した場合，どちらの学校も「60」と同じですから，平均という要約統計量をみただけでは，2つの中学校の違いはみえません。でも，実際は違います。銀座東中学校は，上の人は90点，下の人は30点までありますから，最低でも50点，最高は70点の野山中学校に比べてばらつきが大きいですね。このばらつきが散布度です。散布度の指標として有名なものに**標準偏差**があります。計算は多少ややこしいですが，慣れれば

難しくありません。それに実際の
研究では、こうした計算はほとん
どの場合コンピュータを用いて行
います。しかし、この数値の意味
をきちんと理解していないと、用
いるべき手法を誤ったり、わけも
分からずにコンピュータで計算し

図3-1　要約統計量

たりすることになります。そこで、実際はコンピュータがしてくれている計算
過程がどのようなものかを述べていきます。

数値要約の長所と短所

　なぜ数値要約をするのでしょうか。その大きな理由は、ひとつひとつの図表
を1個の数値に要約できれば、以降、その数値をもとに様々な分析を行うこと
ができる、ということにあります。もちろん、図表に表されている分布の様子
をひとつの値に要約してしまうわけですから、要約することによって逆にみえ
なくなってしまう側面があることも忘れてはなりません。表3-1の例ですと、
このデータを「60」という平均にのみ数値要約してしまうと、点数の高い雄二
君、点数の低い健太君の存在は、希薄なものになりかねません。銀座東中学校
は、野山中学校に比べてばらつきが大きいので、平均だけをみるのでは不十分
です。
　図3-2をみて下さい。この左右2つのヒストグラムは、平均はまったく同
じですが、分布の形が違いますね。平均は同じ、つまり分布の中心位置が左右
のどの辺にあるかについて（代表値）は同じですが、その分布のなだらかさ、
けわしさ、つまり散らばり具合（散布度）が異なります。図3-3は、図3-2
の2つのヒストグラムを重ねたものですが、重ねてみると2つの分布の違いは
歴然ですね。平均だけをみているのでは、散らばり具合をみていないことにな
ります。
　以上のことから、2つの点が重要になってきます。
　まず第1点目は、第2章に示したとおり図表は大切だということです。代表

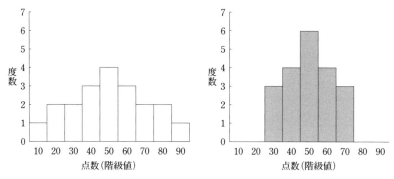

図3-2　平均は同じで散らばり具合が異なる2つのヒストグラム

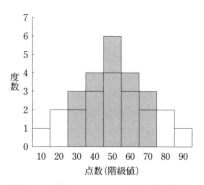

**図3-3　図3-2の2つのヒストグラム
を重ねたもの**

　値・散布度を計算し論文に呈示しつつ，同時に適切な量の図表を，論文の適切な箇所に挿入することは効果的です。これを料理にたとえると，よい盛り付けをすることに相当します。第2点目として，ひとつの要約統計量にのみ注目するのは危険な場合がある，ということです。

代 表 値

　数値要約をする場合に，どのように要約することが適切でしょうか。第2章で挙げた「妻の結婚満足度」で考えてみましょう。図3-4（図2-7再掲）は「妻の結婚満足度」の棒グラフです。

第3章 数値にまとめる

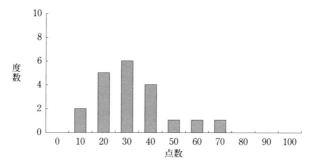

図3-4 妻の結婚満足度についての棒グラフ

　この棒グラフをひとつの数値で要約する場合，どんな値で要約することが適切でしょうか。まずは平均で要約するのが，最も一般的な数値要約です。この図のデータについて平均を計算しますと，

$$(70 + 60 + \cdots + 10 + 10) \div 20 = 32$$

で，平均は32となります。このように，棒グラフなどで表されたデータの分布の様子を平均という数値にまとめると，コンパクトで便利です。この平均32という値は，おおむね図3-4の棒グラフの山頂の位置が，左右のどの辺りにあるかを示しています。右にいけばいくほど平均が高い，左にいけばいくほど平均は低いということになります。この場合，真ん中よりもやや左に位置していますね。

　平均のように，データがどのような値を中心に分布しているかを示す数値のことを**代表値**といいます。平均は代表値のひとつですが，このほか，2種類の代表値を紹介したいと思います。「代表」値というからには，当然のことながらデータの様子をきちんと「代表」していなくてはいけません。平均は，データの性質を適切に代表するという点で，多くの場合，便利で優れた要約統計量です。けれども，「妻の結婚満足度」のデータを，もっとよく要約する値は他にもあるでしょうか。ここでいったん，「妻の結婚満足度」データを度数分布表にしてみましょう（表3-2）。

55

表 3-2　妻の結婚満足度の度数分布表

点数	度数（人）	相対度数（%）
10 点	2	10
20 点	5	25
30 点	6	30
40 点	4	20
50 点	1	5
60 点	1	5
70 点	1	5
合計	20	100

この度数分布表をみると，30 点の人が 6 人と一番多いことが分かります。そこで，このデータを，この「30」という値で代表させては，という考えが出てくると思います。この最も度数が大きい値のことを**最頻値**（頻度が最も大きい値という意味）といいます。**モード**（mode）という英語の原語そのままを使うこともあります。先に計算したように平均は 32 でした。一方，最頻値は 30 です。このデータの場合，両者に大きな違いはありませんから，どちらでもよいかもしれません。けれども，平均と最頻値は，必ずしも似たような値になるとは限りません。その場合にはちょっと注意が必要です。

　この例として，マンションの価格の例を考えてみましょう。マンションを購入する場合に，最も気になるのは何といっても価格です。新聞の折り込み広告にマンションのチラシが入ってきますが，そこによく「最多価格帯は 3500 万円」と記載されていたりします。これは何を意味しているのでしょうか。以下は架空のマンション（全 13 戸）の例です。広さや階，向きなどによって微妙に価格が違っています（図 3-5）。一般的には，上の階にいくほど，角部屋であるほど，広さが広いほど，値段は高くなります。

　このマンションの価格を「＊＊00 万円」ごとの価格別に分類すると表 3-3 のようになります。

　表 3-3 をみると，このマンションでは 3500 万円台のものの度数が一番多いですね（度数は 4 戸です）。これが「最多価格帯」の意味です。「3500 万円」という価格がチラシに書かれていると，思わず「3500 万円あればそのマンションの部屋がだいたい買えるのでは」と考えかねないのですが，それは間違いです。3500 万円台までの資金で買える部屋は，3000 万円，3520 万円，3530 万円，3580 万円，3590 万円，の 5 戸だけです。最多価格帯はあくまで最頻値であり，「100 万円単位に区切った時の，戸数が最も多い価格帯」のことなのです。

第3章　数値にまとめる

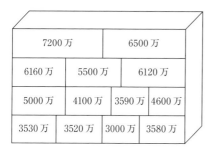

表3-3　マンション価格の分類

3000万円
3520万円　3530万円　3580万円　3590万円
4100万円
4600万円
5000万円
5500万円
6120万円　6160万円
6500万円
7200万円

図3-5　マンション価格の例

ここで，このマンションの平均価格を出してみましょう。

(3000万 + 3520万 + …… + 6500万 + 7200万) ÷ 13 = 4800万

平均価格は4800万円と出てきました。もし，このマンションのチラシで，「最多価格帯」ではなくて，この平均価格「4800万円」が出されていたら，どんな感じがするでしょうか。「3500万円」と書かれている時に比べて，「このマンションは高い」という印象が強くなり，モデルルームに通う足も鈍ってしまうかもしれません。この例は，平均と最頻値が離れている（差がある）例です。マンションを売る側としては，この差をうまく利用して（手が出せそうな価格を呈示して）商売をしていることになります。

先の「妻の結婚満足度」のデータでは，平均と最頻値の差はそれほど大きくはなかったのですが，このマンションの例のように，両者の差が大きくなる場合もありますので，代表値として何を用いるかが重要になってきます。

ところで，マンションの広告では，「中心価格帯」という表現も目にします。これは，このマンションでいえば「4600万円」です。この値段は何を意味しているのでしょうか。マンションの全戸を，安い部屋から高い部屋まで順に並べたその真ん中の値（中央の値）です。同じマンションなのに「中心価格帯4600万円」といわれる場合と，「最多価格帯3500万円」といわれる場合とでは，ずいぶん印象が違いますね。

表3-4 妻の結婚満足度データ

番号	得点
4	70 点
18	60 点
15	50 点
9	40 点
12	40 点
14	40 点
17	40 点
1	30 点
2	30 点
7	30 点
10	30 点
13	30 点
20	30 点
5	20 点
8	20 点
11	20 点
16	20 点
19	20 点
3	10 点
6	10 点

この「中心価格帯」は，代表値として3番目に挙げたいものです。これは**中央値**といいます。英語の原語のまま**メディアン**（median）といわれることもあります。データを大きさの順に並べたときに，真ん中の順位にくる値のことです。なお「妻の結婚満足度」（表3-4）では，真ん中はひとつではなく2つありますね（表中の□で囲ったところの数値です）。こういう場合，中央値として，その真ん中の2つの値の平均をとることが一般的です。つまり（30＋30）÷2＝30ということで，この場合，中央値は30となります。つまり，データ数が偶数個あった場合には（妻の結婚満足度の場合，データ数は20と偶数個です），真ん中が2つになるので，それらの平均をとります。奇数個の場合は（マンション価格の場合，データ数は13と奇数個です），真ん中の値がそのまま中央値になります。

ここで，これまでみてきた3つの代表値について整理しておきましょう（図3-6）。「妻の結婚満足度」データの場合，3つの代表値は，それぞれ「平均：32，最頻値：30，中央値：30」となり，3つの間に大きな違いはありません。一方で，例に出したマンション価格のように顕著な違いがある場合もありますので注意が必要です。

それでは，これら3つの代表値にはどのような特徴があるでしょうか。ここで**抵抗性**という概念を紹介したいと思います。

今，ある中学生7人の1ヶ月のお小遣いを聞いたところ，1000円，2000円，6000円，6000円，6000円，9000円，110000円だったとします。この7人からなるデータについて考えてみましょう（7人目に11万円というとんでもなく高額のお小遣いをもらっている人がいます）。このデータでは，中央値は6000円です。最頻値も6000円です。

58

第3章 数値にまとめる

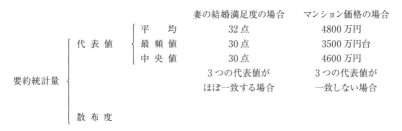

図3-6　要約統計量のまとめ

度数が3個（＝最頻値）
1000 ， 2000 ， 6000 ， 6000 ， 6000 ， 9000 ， 110000
真ん中（＝中央値）

　一方，平均を計算すると20000円となり，平均が，最頻値と中央値とは大きく異なってしまいます。どうやら，平均にはある特徴があるようです。そう，平均は，データの中にある「110000」という極端に大きな値にひっぱられているのです。この「110000」のような，他の値から大きくかけ離れた値のことを**外れ値**（大多数の値から大きく離れている例外的な値）といいますが，平均は外れ値にひきずられやすいのです。多少極端なデータがあったとしてもそれにひきずられない性質のことを**抵抗性**といいます。外れ値に対して抵抗力があるということです。平均はこの抵抗性が低いのです。なぜなら，データすべての値を用いて計算されるからです。一方，最頻値，中央値は，抵抗性が高いのです。

　こうした例は現実にも生じます。実例を挙げてみましょう。2017年，金融広報中央委員会によって実施された「家計の金融行動に関する世論調査［二人以上世帯調査］」によると，金融資産保有世帯における平均額は1729万円となったそうです。1729万円はとても高額で，直感に反すると思います。ちなみに，1729万円はあくまで「金融資産保有世帯の平均」ですから，金融資産を保有していない，つまり貯蓄ゼロの世帯が平均の計算の際に入っていないのですが，そうした点を考慮しても1500万以上というのはやはり直感に反するでしょう。

　そこで先ほど同様，中央値の登場です。この調査で出ている中央値は，1000

59

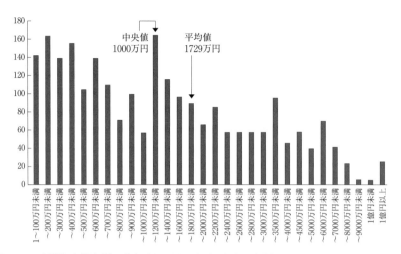

図3-7　金融資産保有額の分布（金融広報中央委員会（2017）「家計の金融行動に関する世論調査」より作成）

万円です。こちらの方が現代の日本人の平均的な姿に近いと思います。もちろん，これでもやはり高額すぎる，と思う方も多いと思いますが，それは貯蓄のない世帯を含めていないからです。もし，貯蓄のない世帯の値を0としてデータに組み入れて計算すれば，もっと低い値になるはずです。

　なぜ，平均と中央値の間にこのような違いが出るのでしょうか。もうお分かりですね。少数のお金持ちのためです。図3-7に分布を掲載します。図3-7より，横軸右側にものすごいお金持ちがいることが分かります。これらの値が，平均の算出の際に大きな影響力を持ってしまうのです。

　さて，このようにみてきますと，平均は代表値としてまずいのではないか，と思う方もいるかもしれません。しかし，実際の研究で用いられる代表値の多くは平均です。なぜでしょうか。それはひとつには，平均は，すべての値を利用しているからです。一方，最頻値，中央値は，いったんすべての値を参照し，それらを間接的に利用しますが，実際の計算にはすべての値を利用していません。このように，平均には，データをフル活用するという性質があります。

　なお，これまで述べてきた平均は，厳密にいえば**算術平均**と呼ばれるものです（平均は，算術平均以外にもいくつか種類がありますが，詳しい説明は煩雑になりま

第 3 章　数値にまとめる

すので，ここでは省略します）。

散布度も考慮

　以上，代表値について説明しました。代表値は便利なのですが，データを理解するには，代表値をみているだけではだめなのです。再び先ほどの中学校の国語の漢字テストの例（表 3 - 1 参照）について考えてみましょう。

　先に書いたとおり，このデータは，平均で数値要約をすると，両中学校ともに「60」と同じですから，平均だけをみていますと，2 つの中学校の違いはみえません。でも，この 2 つの中学校は違います。銀座東中学校は，上は 90 点，下は 30 点とばらつきが大きいですが，野山中学校はみんな 60 点付近に固まっていて，相対的にばらつきが小さいですよね。このばらつきが**散布度**です。この例のように，平均は同じでもばらつきが違うことは，重要なことです。指導する先生のことを考えてみて下さい。野山中学校では，皆のレベルが似通っていますから指導は比較的容易かもしれませんが，銀座東中学校では，うまくやらないと上の子が不満を持ったり，下の子が落ちこぼれてしまったりするでしょう。さて，それでは，散布度としてどのような指標が考えられるでしょうか。

分散と標準偏差

　この 2 つの学校のばらつきは，どのように表したらよいでしょうか。銀座東中学校を例に考えてみましょう。

　ばらつきを考える場合に，先ほど計算した「60」という平均を基準に考えます。それぞれの生徒が，この平均からどの程度へだたっているか，ということを考えれば，それがばらつきの大きさの指標になりそうですね。具体的にみていきましょう。

　まずは友世さんの成績は 50 点ですから，平均とのへだたりは 50 − 60 ＝ −10 です。次に雄二君は……，という具合に，それぞれの生徒について，平均からのへだたりを計算してみましょう（表 3 - 5）。この平均からのへだたりのことを**平均からの偏差**といいます（以下，適宜，**偏差**と記します）。

　この 5 人全員でどのくらいばらつきがあるかという，データ全体のばらつき

61

の特徴をみるにはどうしたらよいでしょうか。まずこれらの偏差を 5 人分合計
してみましょう。

$$(-10) + (30) + (10) + 0 + (-30) = 0$$

　おかしいですね，ばらつきの合計がゼロ，つまりばらつきがまったくない，
ということになってしまいました。5 人は，下は 30 点，上は 90 点とたしかに
ばらついているのに，これは変な話です。何がおかしいのでしょうか。
　この計算では，プラス・マイナスが打ち消しあってしまっている（相殺して
いる）ので，差し引きゼロになっているのです。この打ち消しあいをなくすに
はどうすればよいでしょうか。そのひとつの方法として，それぞれの偏差を 2
乗して，マイナスをプラスにする，という方法があります。

$$(-10)^2 + (30)^2 + (10)^2 + 0^2 + (-30)^2$$
$$= 100 + 900 + 100 + 0 + 900$$
$$= 2000$$

　今度はゼロにはならず，ばらつきの合計は 2000 となりました。ところで，
これは 5 人分のばらつきの合計です。その平均は，このばらつきの合計を人数
で割り算すればよいのです。それでは，この 2000 という合計を人数の 5 で割
りましょう。「1 人あたりのへだたり具合」を知るためです。

$$2000 \div 5 = 400$$

　400 と出ました。この値のことを**分散**といいます。分散とは，「平均からの
偏差の 2 乗の平均」で，散布度のひとつです。この大きさが，散らばりが大き
いか小さいかを示すのですが，このままでは解釈が難しいです。ここで「1 人
あたり平均から 400 点へだたっているのだ」と解釈することは明らかにおかし
いですね。先ほどの漢字テストの偏差は最大でも 30 ですから，平均から 400

62

第 3 章　数値にまとめる

表 3−5　銀座東中学校（都心）の漢字
テスト成績（平均からの偏差の計算）

名前	点数 − 平均 = 偏差
友世さん	50 − 60 = −10
雄二君	90 − 60 = +30
知美さん	70 − 60 = +10
恵理子さん	60 − 60 = 0
健太君	30 − 60 = −30

表 3−6　野山中学校（郊外）の漢字
テスト成績（平均からの偏差の計算）

名前	点数 − 平均 = 偏差
広志君	70 − 60 = 10
真理さん	50 − 60 = −10
真治君	60 − 60 = 0
大地君	50 − 60 = −10
陽子さん	70 − 60 = 10

もへだたるわけはないのです。なぜ，こうなったのでしょうか。それは，プラス・マイナスの打ち消しあいを防ぐために 2 乗したからなのです。2 乗したものを，元に戻しましょう。そう，平方根 $\sqrt{\ }$ を計算するのです。400 の $\sqrt{\ }$ は 20 です。この 20 という値，これが**標準偏差**です。この場合の標準偏差の意味は，「この 5 人は人によって点数が違う，つまり平均からのへだたり具合が人によって違うけれども，5 人全体としてみると，そのへだたり具合の標準的な値は 20」ということです。いいかえると，「平均から平均的に 20 へだたっている」ということ，この「標準的なへだたり具合」を標準偏差というのです。この値が大きければ，それだけばらつきが大きいデータということになります。データをみる時，平均だけでなく，この標準偏差にも注目することが大事です。

　ここで，標準偏差の計算方法をまとめて整理しておきましょう。標準偏差の計算には，以下の 4 つのステップがあります。

　　step 1　各データから平均を引く　　←平均からの偏差を計算します
　　step 2　それを各々 2 乗して全部足す　←これを 2 乗和といいます
　　step 3　それをデータ数で割る　　　←これが分散です
　　step 4　その $\sqrt{\ }$ を計算する　　　　←これが標準偏差です

　以上に紹介した分散と標準偏差は，散布度として最もよく使われるもので，重要です。それでは，同じように野山中学校の分散・標準偏差を計算してみましょう。

63

表 3-7　漢字テスト成績の比較

	銀座東中学校 （都心）	野山中学校 （郊外）
平均	60	60
分散	400	80
標準偏差	20	8.94

step 1　各データから平均を引きます。つまり平均からの偏差の計算です（表 3-6）。

step 2　次にそれぞれを 2 乗して合計するのでしたね。

$$10^2 + (-10)^2 + 0^2 + (-10)^2 + 10^2$$
$$= 100 + 100 + 0 + 100 + 100$$
$$= 400$$

step 3　これを人数で割り算します。

$$400 \div 5 = 80$$

これが分散です。

step 4　その $\sqrt{\ }$ を計算します。

80 の $\sqrt{\ }$ をとりますと，だいたい 8.94 になります。これが標準偏差です。

ここで 2 つの中学校の平均，分散・標準偏差を比べてみましょう（表 3-7）。

たしかに，銀座東中学校のばらつきの方が大きくなっています。最初にデータの一覧をみただけでも銀座東中学校の方がばらつきが大きそうな感じはしましたが，これで，ばらつきが大きいことが数値として一目瞭然となったのです。

では，表 3-8 のようなデータでは，分散・標準偏差の値はどうなるでしょうか。全員が 60 点の場合です。

全員 60 点なら平均も 60 点ですので，偏差は全員 0 点です。この偏差の 2 乗を合計しましょう（step 2）。

$$0^2 + 0^2 + 0^2 + 0^2 + 0^2$$
$$= 0 + 0 + 0 + 0 + 0$$
$$= 0$$

64

第3章　数値にまとめる

表3-8　漢字テスト成績（例）

名前	点数 − 平均 ＝ 偏差
光代さん	60 − 60 ＝ 0
武夫君	60 − 60 ＝ 0
夕子さん	60 − 60 ＝ 0
幸枝さん	60 − 60 ＝ 0
有一君	60 − 60 ＝ 0

表3-9　銀座東中学校(都心)の漢字テスト成績

名前	点数 − 平均 ＝ 偏差 → 絶対値
友世さん	50 − 60 ＝ −10 → 10
雄二君	90 − 60 ＝ +30 → 30
知美さん	70 − 60 ＝ +10 → 10
恵理子さん	60 − 60 ＝ 0 → 0
健太君	30 − 60 ＝ −30 → 30

もちろん0です。これを人数5人で割ります。やはり0です。その$\sqrt{}$も0。つまり分散も標準偏差も0になります。「みんな同じ点数」ということは，「ばらつきがまったくない」ということです。この場合，たしかに，散布度の指標である分散・標準偏差ともに0になることが確かめられました。

その他の散布度の指標

散布度として，分散，標準偏差が最もよく使われますが，このほかにも**平均偏差，範囲**，という散布度が使われることがあります。

まずは**平均偏差**です。先ほどプラス・マイナスの打ち消しあいを防ぐために偏差を2乗する，という作業をしました。この打ち消しあいを防ぐもうひとつの方法があります。それは**絶対値**をとることです（絶対値とは，プラス，マイナスの符号を取り払って，数値だけを取り上げたものです）。銀座東中学校を例に，偏差の絶対値をとってみましょう。

表3-9の絶対値の平均，つまり，

$$(10 + 30 + 10 + 0 + 30) \div 5 = 16$$

この16という値，これが平均偏差です。標準偏差のように「2乗してまた$\sqrt{}$」という面倒な「回り道」をしないので，この平均偏差の方が分かりやすいかもしれません。

次に**範囲**です（元の英語のまま**レンジ**（range）と呼ばれることもあります）。これは「最大値と最小値の差」です。銀座東中学校の場合，最大値は雄二君の90

65

$$
要約統計量 \begin{cases} 代表値 \begin{cases} 平\quad均（合計してデータ数で割る）\\ 最頻値（最も度数が大きい値）\\ 中央値（真ん中） \end{cases} \\ \\ 散布度 \begin{cases} 分\quad散（2乗和をデータ数で割る）\\ 標準偏差（標準的なへだたり具合，分散の\sqrt{\ }）\\ 平均偏差（偏差の絶対値の平均）\\ 範\quad囲（最大値-最小値） \end{cases} \end{cases}
$$

図 3-8　要約統計量

点，最小値は健太君の 30 点ですから，

$$
90 - 30 = 60
$$

60 が範囲になります．範囲は，一般に，データ数が多いほど大きくなる傾向にあります．というのも，データ数が多くなれば，極端に大きかったり小さかったりする値が入ってくる確率が必然的に大きくなるからです．この点で，範囲は**抵抗性**が低いといえます．

本章で説明した要約統計量について，図 3-8 にまとめておきます．

偏 差 値

以上，代表値と散布度について説明してきました．代表値だけをみていては分からないことがある，そこで散布度についてもみてみよう，ということでした．そこで，この 2 つを同時に考慮して数値を変換できればよいのに，という考えが出てくるかもしれません．平均と標準偏差を考慮した変換，それが皆さんもよく耳にする**偏差値**です．しかし偏差値は，知られているわりにはその意味が理解されていないかもしれません．偏差値については，本章の最後に説明します．それに先立ち，まず **z 得点**を紹介します．

ある小学生「里美さん」が，100 点満点のテストで，理科で 50 点，社会で 50 点とった，というケースを考えてみましょう．この成績から，里美さんは理科の学力と社会の学力がまったく同じだ，といってよいでしょうか．そうと

第3章 数値にまとめる

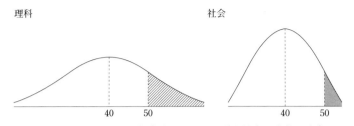

図 3-9　平均は同じで散布度の異なる理科と社会の点数の分布

はいえないですね。なぜなら，里美さんのクラスの理科と社会の平均がどのくらいかによって，同じ「50 点」でも，できる・できないは変わってくるからです。例えば今，里美さんのクラスの理科の平均が 40 点，社会の平均が 60 点だったとしましょう。この場合，里美さんの学力は，社会よりも理科の方が高いことになります。

でも，これだけでは不十分です。代表値だけでなく散布度もみよう，とこれまで述べてきました。「里美さんは，社会よりも理科の学力の方が高い」というのは，あくまで理科と社会の散布度が等しい場合です。両者の散布度が異なれば，平均だけを基準にしてこう単純に結論づけることはできません。

例を挙げましょう。もし，理科も社会も平均は同じで（40 点とします），散布度は社会の方が小さかったらどうでしょうか。この場合，里美さんの「理科 50 点，社会 50 点」は，それぞれできる方なのでしょうか，できない方なのでしょうか。図 3-9 をみて下さい。

里美さんは，理科と社会，どちらができるといえるでしょうか。今度は社会の方ができることになります。なぜなら，理科（図 3-9・左）では，里美さん（50 点）よりも上にたくさんの人（成績のよい人たち：斜線部）がいますから，里美さんの 50 点はそれほどできるとはいえません。それに対して，社会（図 3-9・右）では，同じ 50 点でもその上にいる人（成績の極めてよい人たち：アミかけ部）は少ないので，同じ 50 点でも理科よりもできることになります。このように，1 人の成績の意味（どのくらいできるか）を知るには，「他の人に比べてどうなのか」という視点が重要になってきます。ですから，代表値と散布度の両方を考える必要があるのです。

ここで，**z 得点**を紹介しましょう。z 得点は以下のように計算します。

　z 得点 ＝（得点－平均）÷標準偏差

　式から分かるように，z 得点は平均と標準偏差の両方を考慮しています。両方を考慮することによって，別々の土俵にある得点を同じ土俵に乗せて比較することができるのです。今仮に，里美さんが受けた理科・社会のテストに関して，理科のばらつきの方が社会よりも大きく，具体的には，理科の標準偏差が20，社会の標準偏差が 5 だったとしましょう。このとき，里美さんの理科と社会の z 得点を求めてみます。

　　　　　（得点－平均）÷ 標準偏差 ＝ 里美さんの z 得点
　　理科　（ 50 － 40 ）÷　　 20　　 ＝　　　　0.5
　　社会　（ 50 － 40 ）÷　　 5　　 ＝　　　　 2

　理科は 0.5，社会は 2 となり，社会の方が学力が高い，ということになります。この z 得点は，「得点－平均」を標準偏差で割り算しています（「得点－平均」のことを，平均からの偏差というのでしたね）。「得点－平均」は，それぞれの人が平均からどのくらい上か下かを示しますが，これを標準偏差で割るということは，その人の得点が「標準偏差の何個分，平均よりも高いか低いか」ということを示しています。里美さんは，理科は，（z 得点が 0.5 なので）標準偏差でいうと半分だけ平均よりも上回っており，社会は，（z 得点が 2 なので）標準偏差でいうと 2 個分も平均より上回っている，ということになります。

　この場合，里美さんは理科・社会ともに平均より上でしたから，z 得点の値はプラスですが，z 得点はマイナスの値もとります。もし，里美さんが社会で30 点しかとれなかったとしましょう。この場合 z 得点は（30 － 40）÷ 5 ＝ －2 となります。z 得点は，その人の得点が平均より下の場合にはマイナスに，平均より上の場合にはプラスになります。

　表 3-10 は，銀座東中学校の漢字テストの成績について z 得点を計算したも

68

第 3 章　数値にまとめる

表 3-10　銀座東中学校（都心）の漢字テスト成績（z 得点の計算）

名前	点数	−	平均	=	偏差		偏差	÷	標準偏差	=	z 得点
友世さん	50	−	60	=	− 10		− 10	÷	20	=	**−0.5**
雄二君	90	−	60	=	+ 30		30	÷	20	=	**1.5**
知美さん	70	−	60	=	+ 10		10	÷	20	=	**0.5**
恵理子さん	60	−	60	=	0		0	÷	20	=	**0**
健太君	30	−	60	=	− 30		− 30	÷	20	=	**−1.5**

のですが，z 得点の平均を求めると 0 に，標準偏差は 1 になります。

　実際に計算してみますと，平均は，

$$\{(-0.5) + 1.5 + 0.5 + 0 + (-1.5)\} \div 5 = 0$$

でゼロ，したがって分散は，

$$\{(-0.5 - 0)^2 + (1.5 - 0)^2 + (0.5 - 0)^2 + (0 - 0)^2 + (-1.5 - 0)^2\} \div 5$$
$$= (0.25 + 2.25 + 0.25 + 0 + 2.25) \div 5$$
$$= 5 \div 5$$
$$= 1$$

標準偏差は，1 の $\sqrt{}$ で 1 ですね。

　表 3-10 の太字で示した 5 つの値の平均は 0，標準偏差は 1 になることが分かりました。このように，平均と標準偏差がある値（この場合，順に 0，1）になるように値を変換することを**標準化**といいます。また，変換する前の得点のことを**素点**といいます（表 3-10 では，50，90，70，60，30。「もともとの点」ということです）。そして，標準化することによって出てくる値のことを**標準得点**といいます。z 得点は，標準得点の一種です。

　なお，標準化という言葉は，例えば「知能検査の標準化」といったような使われ方もします。皆さんにとっては，こちらの「標準化」の方が馴染みがあるかもしれません。この場合の標準化とは，テスト，検査を作成する際，事前に

69

それをたくさんの人に実施して，検査の実施方法，採点の方法などを決めたりする一連の手続き，つまりその検査をきちんとした規格にするプロセスのことをいいます。

　さて，最後によく知られた**偏差値**です。偏差値も標準得点の一種ですが，平均0，標準偏差1ではなく，平均50，標準偏差10になるように工夫されたものです。z得点を用いて，「あなたのz得点は0.5です」といわれてもいまいちピンときません。私たちは100点満点という形式に慣れてしまっているためです。小学校のころから，テストといえば100点満点で，1点きざみのことが多かったと思います。z得点のように，得点が，−0.5，1.5，0.5，0，−1.5，と小数点を使って狭い区間にひしめきあっていますと，理解しにくいでしょう。それに対して「あなたの偏差値は55です」といわれると，「ああ，自分は平均よりちょっと上だな」とすぐに理解することができます（実は，偏差値が55であることは，z得点が0.5であることと同じことをいっているのですが）。そこで，50点が平均になるように工夫した偏差値がよく使われるのです。偏差値は以下のように計算します。

　　偏差値 ＝ z得点 × 10 ＋ 50

　それでは実際に，里美さんの理科・社会の偏差値を計算してみましょう。

	平均	標準偏差	z得点	里美さんの偏差値
理科	40	20	0.5	→ 0.5 × 10 + 50 = 55
社会	40	5	2	→ 2 × 10 + 50 = 70

　理科の偏差値55，社会の偏差値70となります。「z得点は，理科は0.5，社会は2」といわれてもピンとこなかったのが，これでずっと分かりやすくなったのではないでしょうか。100点満点のテストでは，どんなに成績が悪くても0点を下回ることはありませんね。偏差値は，こうした点にほぼ沿っているのです。偏差値は，0〜100点の真ん中50点が平均として設定されており，z得

第3章 数値にまとめる

表 3-11　銀座東中学校（都心）の漢字テスト成績（偏差値の計算）

名前	点数 - 平均 = 偏差	z 得点	偏差値
友世さん	50 － 60 ＝ －10	－ 0.5	－ 0.5 × 10 ＋ 50 ＝ **45**
雄二君	90 － 60 ＝ ＋30	1.5	1.5 × 10 ＋ 50 ＝ **65**
知美さん	70 － 60 ＝ ＋10	0.5	0.5 × 10 ＋ 50 ＝ **55**
恵理子さん	60 － 60 ＝ 0	0	0 × 10 ＋ 50 ＝ **50**
健太君	30 － 60 ＝ －30	－ 1.5	－ 1.5 × 10 ＋ 50 ＝ **35**

点のようにマイナスの値になることはめったにないのです。

　ところで，偏差値といっても，別に勉強・テストに関するものに限りません。例えば，心理学の研究で，「自尊心の偏差値が……」というのもあります。自尊心であれ，社交性であれ，得られたデータの中で，ある値が分布のどのあたりに位置しているのか，つまり他の人と比べた「相対的な位置づけ」を知るために有用なものが偏差値なのです。

　最後に念のため，表 3-11 に，銀座東中学校の偏差値を計算しておきます（太字の数値が偏差値です）。偏差値の平均は 50 に，標準偏差は 10 になります。

　以上，本章では，代表値・散布度，という集団の特徴を示すのに有用な値について説明し，さらに，その両方を考慮した偏差値に言及し，個人を集団内でいかに表現するかということを説明しました。実際の心理学の研究では様々な分析がなされますが，ここで説明した事項はそれらの基礎になるものです。特に平均と標準偏差などは，**基本統計量**と呼ばれる重要なもので，論文などでは必ずといっていいほど掲載される基本的な情報です。

母親と父親は本質的に違うのか

——平均で考える意味——

本章では，「数値にまとめる」ことについて話しました。ここでは
平均を用いた実際の研究例をご紹介したいと思います。

日本の母親と乳児の緊密な関係

　人間の赤ちゃんは，他の動物に比べてとても未熟・無力な状態で誕生します。誰かが赤ちゃんの様子をこまめにみて，授乳，給水，おむつや衣服の交換などの世話をしなければ，赤ちゃんは1日たりとも生きてはいけません。このような子どもの生存に必須な養育は，多くの社会で母親によって担われています。妊娠する／母乳が出る女性＝母親が子どもの養育をするのは，ごく自然のなりゆきです。けれども，このことは子どもの養育は母親にしかできない，母親でなければダメということを意味するのでしょうか。

　戦後，アメリカの研究者コーディル（Caudill, W.）らは，日本の母親が赤ちゃんをどのように世話し，赤ちゃんとの生活をしているかに強い関心を持ち，研究を行いました。それまで自国で見慣れてきた，それが当たり前と思ってきた育児と日本の母親の育児との違いに強く印象づけられたからです。親のしつけや家庭についての定量的な比較文化研究のはしりです。

　母親が赤ちゃんにどれくらい／どのような世話をするか，どう寝かせているか，一緒にいる時間はどうか，などが観察測定され，日米の世話の量，時間などの平均値が比較されました。その結果，①授乳や，おむつや衣服の交換などの世話は日米で差がない，ところが，②母親が子どもと一緒にいる時間が，日本でアメリカよりも長い——アメリカの母親は子どもが眠ってしまうと子どもから離れて自分のことをするが，他方，日本の母親は子どもが眠ってもそばにいたりおんぶしたりしている——。幼い時から子どもは親と離れて別室で寝るのが当たり前のアメリカ人にとって，子どもが夫婦の寝室で2人の間に入り，川の字になって寝ることは驚きだったのです。また，③子どもをあやすのにアメリカでは言葉や声をかける，他方，日本ではなでる，軽くたたくなど非言語的なやり方であやす，という差も見出されました。

　日本の母親が子どもと長時間一緒にいる，また（言葉をかけずに）以心伝心的な方法で子どもをあやす様子から，日本の母子は物理的に近接していることから心理的にも緊密さが生まれ，母親は子どもと「一体感」を持っていると解釈されました。アメリカの母親が子どもから離れて自分のことをし，一個人として子どもと別世界を持つこととの

第 3 章　数値にまとめる

表 A　日米のしつけ方略（東・柏木・ヘス，1981）

	日本	アメリカ
直接命令（％）	43.1	54.6
説得暗示（％）	22.4	2.0

表 B　父親と母親の子ども・育児への感情（柏木・若松，1994）

子ども・育児への感情	父親	母親
〈肯定的感情〉例：子どもはかわいい，育児は楽しい	2.91	2.98
〈否定的感情〉例：何となくいらいらする，やりたいことができなくて焦る	1.88 < 2.24

違いを，「母子一体感」として理解したのです。

しつけ方略にみられる日本とアメリカの差／特徴

　1980 年代に行われた，しつけや家庭と子どもの知的発達についての大規模な縦断研究（東・柏木・ヘス，1981）でも，母親のしつけの方略に日米の対照的な差が見出されました。出された野菜を子どもがイヤといって食べない時，何というか。しつけ方略を比較したところ，結果は表 A のようになりました。子どもに対してきっぱりと明示的に命令する方略（直接命令）の出現率は日米ともに高いのですが，日本の母親では同時に暗示的間接的にやんわりと誘導するという，アメリカの母親はしない方略（説得暗示）をとる率が高いことが注目されました。

　日本の母親の典型ないい方──「あらあら，せっかくお母さんつくったのに食べなくて残念だなー」「壁さん泣いているよ（壁に落書きした時）」などといったいい方には，子どもがどうすべきかがまったく指示されていません。母親は子どもの感情に訴えて「分かってくれ」といわんばかり。アメリカの研究者は，これではしつけになっていないのでは，という始末でした。けれども，日本の子どもは母親がはっきりいわなくてもちゃんと分かるのだ，なぜなら子どもは母親と心理的に緊密で相互に察しあえるからだ，つまり日本の母子間の「一体感」によるのだと日本側が説明したところ，アメリカの研究者たちは自国にないやり方でもうまくいくのかと感心したように納得しました。

　この説明に，この研究チームの日本側メンバーであった筆者は違和感を持ちました。たしかに子どもはかわいい，でも子どもは自分とは別な他者，決して分身でも一体でもない，と思っていましたから。この疑問を実証的に明らかにしようと，子どもや育児に対して父親と母親がどのような感情を抱いているかを質問紙で測定し，その平均を比較検討しました（柏木・若松，1994）。表 B はその結果です。

73

この結果は，母親が子どもに対して肯定的な気持だけでなく，同時に否定的な感情を抱いているということであり，この点は父親とは異なります。さらに，子どもは自分の分身，体の一部だといった「分身感」は，何と父親の方が母親より強い傾向にあり，とりわけ育児しない父親に強いのです。

葛藤・対立を内包する親と子——結合・愛着だけではない親と子

この結果が意味するのは，子どもを育てる体験は子どもに対する愛情を強めるだけではなく，逆に子どもの存在や育児を疎ましく思う感情を抱かせ，その結果「子どもは分身」とか「一体」だといった気持ちは薄れ，むしろ他者性が認識されることを示唆しています。

これは，育児という営みは親の資源の投資であり，しかもその資源は親自身にも必要なものだということを考えれば当然のことです。育児は，育児をする人の時間や心身のエネルギーなどの資源を大量に消費します。ところが，それら資源はいずれも有限で，さらに自分のためにも使いたいものです。それが，育児を一手に引き受けると，自分の時間も心身のエネルギーも，自分のためにはほとんど使えなくなってしまいます。このことが不満や焦燥感を招くのです。このように親と子は，（育児においては）有限の資源をめぐって葛藤をはらんでいます。この葛藤は育児をしない人には無縁でも，仕事も勉強も辞めて専業で育児をしている場合に強まります。父親でも育児をする人には「分身感」は低いのに，育児しない父親だけが子どもは「分身」だと甘いことがいえるのは，こうした事情を考えればよく分かるでしょう。

表Bでみたように，子どもはかわいいと思いつつも，したいことができなくて焦るという相反した感情を母親は抱いています。そのような葛藤を体験している母親にとって，子どもは「分身」でも「一体感」をもたらすものでもなく，むしろ自分と対立する他者性を帯びるのはごく自然のことです。

父親と母親は違うのか？——母性とは？　父性とは？

前述の研究結果は，子どもへの感情は父親か母親かで違うのではなく，育児体験によって変化することを示唆しています。「母性」「父性」という言葉があり，父親と母親は本質的に違うもののように考えられがちですが，この通念の再考を促すものでしょう。父親が主な養育者となっている場合（「父親：一次的世話役」）と，二番手で育児を助ける父親（「父親：二次的世話役」），そして主な（一番手の）養育者である母親（「母親：一次的世話役」）の3群について，子どもに対する行動を比較したフィールド（Field, T.）の研究があります。その結果（図A）から，育児の主要な担い手となった父親は，子どもへの声かけや笑いかけなど対応や行動が母親と近似しているのに，二番手役の父

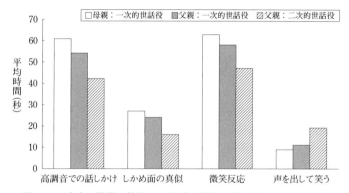

図A　一番手の母親，父親，二番手の父親の育児行動（Field, 1978）

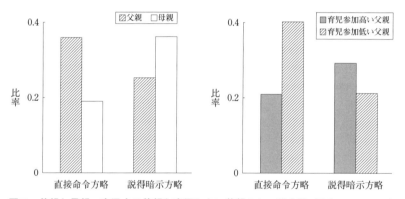

図B　父親と母親，育児する父親と育児しない父親のしつけ方略（目良，1997，2002）

親は違っているのが，縦軸の平均の大きさからみてとれるでしょう。

　この研究は，長らく研究されてこなかった父親／男性の子どもへの態度や行動が，母親／女性と絶対的な差があるのではないことを明らかにした画期的な研究です。子どもに対するしつけ方略をみた目良の研究（図B）でも，父母間の違いだとみなされるものが，育児参加する父親と参加の少ない父親とで異なることを明らかにしています。

　これらの研究は，父親／男性だからこうする（＝男親の役割），女性でないとできない（＝女親の役割）というふうに，子どもへの行動と愛情が，ジェンダーによって固定されたものではないことを示唆しています。子どもへの養育行動は，女性だけに本来備わったものではなく，男であれ女であれ，育児の責任を負い育児するその体験の中で，育まれ学習されていくものといえるでしょう。

文献

東　洋・柏木惠子・ヘス，R. D.（1981）．母親の態度・行動と子どもの知的発達──日米比較研究　東京大学出版会．

Caudill, W. & Weinstein, H.（1969）. Maternal care and infant behavior in Japan and America. *Psychiatry*, **32**, 12-43.

Field, T.（1978）. Interaction behaviors of primary versus secondary care-taker fathers. *Developmental Psychology*, **14**, 183-184.

柏木惠子（2003）．家族心理学──社会変動・発達・ジェンダーの視点　東京大学出版会．

柏木惠子・大野祥子・平山順子（2006）．家族心理学への招待　ミネルヴァ書房．

柏木惠子・若松素子（1994）．「親となる」ことによる人格発達──生涯発達的視点から親を研究する試み．発達心理学研究，**5**（1），72-83．

目良秋子（1997）．父親と母親のしつけ方略──育児観・子ども観と父親の育児参加から．発達研究，**12**, 51-58．

目良秋子（2002）．父親と母親の子育てによる人格発達　未発表．

第4章
数値を比較する

比較するということ

第3章では「数値にまとめる」ことについて説明しました。第3章冒頭に挙げたデータ例（表4-1）ですと，両中学校の成績はともに「平均」という値にまとめることができました。この場合，どちらの中学校も平均は60点ですから，平均だけでみますと，2つの中学校の成績には差がないとみなせます（この場合，「ばらつき」についてもみなくてはいけないことは先にも説明しました）。

それでは，第1章で紹介したデータ例（表4-2）ではどうでしょうか。霞ヶ淵小学校の平均は60点，ひばり台小学校の平均は50点ですから，今度は差が10点あります。さてこの場合，「2つの小学校の成績には差がある」といい切ってよいでしょうか。「10点差」は「差がある」といえるのでしょうか，いえないのでしょうか。人によっては「10点も差がある」とみるでしょうし，別の人は「10点しか差がない」とみるかもしれません。このように「10点」をどうみるかは人によって違いますし，また場合によっても違います。

ではいったい，差が何点あったら「差がある」といえるのでしょうか。こういった場合に，ひとつの視点，あるいは基準を与えてくれるのが**統計的検定**です。統計的検定とは，差があるとみるかないとみるかを人それぞれの主観的視点に任せずに，共通の客観的視点によって（共通の基準を用いて）決めるひとつの手段といえるでしょう。第4章では，まずこの統計的検定の考え方について，できるだけ分かりやすく説明していきます。

統計的検定は，統計を学んでいく上で出会う最初のハードルになる場合が多い事項です。その考え方が，なかなか理解しにくいのです。しかし，心理学研究では，統計的検定はしばしば用いられますので，この点について理解することは重要なことです。

背理法──逆転の発想

統計的検定は，**統計的仮説検定**，**仮説検定**，**有意性検定**，あるいは単に**検定**とも呼ばれます。統計的検定の考え方への導入として，まず**背理法**という考え方を紹介し，その後，背理法の考え方を使って統計的検定について説明してい

表 4-1 漢字テスト成績（表 3-1 の再掲）

銀座東中学校（都心）		野山中学校（郊外）	
名前	点数	名前	点数
友世さん	50	広志君	70
雄二君	90	真理さん	50
知美さん	70	真治君	60
恵理子さん	60	大地君	50
健太君	30	陽子さん	70
数値要約 ↓		数値要約 ↓	
平均	60	平均	60

表 4-2 計算テスト成績（表 1-6 の再掲）

霞ヶ淵小学校（都心）		ひばり台小学校（郊外）	
名前	点数	名前	点数
秋子さん	60	次郎君	50
光君	100	淑子さん	40
美帆さん	50	明君	50
ゆかりさん	20	健一君	60
翔太君	70	花子さん	50
数値要約 ↓		数値要約 ↓	
平均	60	平均	50

こうと思います。

　背理法という言葉を，皆さんは聞いたことがあるでしょうか。背理法とは，数学の証明方法のひとつです。この背理法は強力な証明法で，世界中の数学者たちがなかなか証明することのできなかったあの「フェルマーの定理」もこの背理法を使って解かれたそうです。

　さて，背理法を利用する問題を具体的に考えてみましょう。

問　　題

$\sqrt{2}$ は無理数である。このとき，$5\sqrt{2}$ が無理数であることを証明して下さい。

　いきなり？？？という感じかもしれません。まず**無理数**とは何でしょうか。無理数とは，分数で表すことのできない数のことです（分数で表すことのできる数は**有理数**です）。例えば，円周率の π は無理数です。$\pi = 3.1415\cdots\cdots$ と限りなく続いていき，分数では表せませんね。$\sqrt{3}$ も無理数です。$\sqrt{3} = 1.7320\cdots\cdots$ と限りなく続いていきます。しかし，例えば同じように限りなく続く小数である $0.1666\cdots\cdots$ は無理数ではありません。$0.1666\cdots\cdots$ は分数で $\dfrac{1}{6}$ と表すことができるからです。$0.1666\cdots\cdots$ のように，小数点以下，あるところから同じ数が繰り返し登場する小数のことを**循環小数**といいます。循環小数は分数で表せるので有理数です。同様に，例えば 4.379 は分数で $\dfrac{4379}{1000}$ と表せますから，もちろん有理数です。以上を整理したのが図 4-1 です。

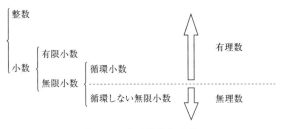

図 4-1　有理数と無理数

証　明

　さて，先の問題「$\sqrt{2}$ は無理数である。このとき，$5\sqrt{2}$ が無理数であることを証明して下さい」をどう証明するかです。証明の前に，これからの証明の流れを挙げてしまいます。

　　step 1　証明したいこととは反対の仮定をしてみる
　　step 2　その仮定のもとで矛盾を導く
　　step 3　最初の仮定が間違っていたと結論づける

　以下，この 3 段階で証明していくことになります。証明したいことは，「$5\sqrt{2}$ が無理数であること」でした。いったん，証明したいことの反対の仮定を立てます。「$5\sqrt{2}$ が無理数でない」と仮定してみましょう（step 1：これが重要です。この考え方が，統計的検定でも出てきます）。「$5\sqrt{2}$ が無理数でない」はつまり「$5\sqrt{2}$ は有理数である」ですね。それでは，その有理数を仮に m としておきましょう（アルファベットは何でも構いません）。すると $5\sqrt{2} = m$ と書くことができます。

　さて，$5\sqrt{2} = m$ は，（両辺を 5 で割りますと）$\sqrt{2} = \dfrac{m}{5}$ と変形することができます。この，$\sqrt{2} = \dfrac{m}{5}$ は何を意味しているでしょうか。$\sqrt{2}$ は無理数です。なのに，$\sqrt{2}$ が $\dfrac{m}{5}$ という分数で表せている，つまり有理数ということになってしまいました。これは矛盾ですね（step 2）。

　なぜこのような矛盾が起きたのでしょうか。それは，最初に置いた仮定が間

違っていたからです。その仮定とは「$5\sqrt{2}$が無理数でない」という仮定です。こんな変な仮定を置いたので、矛盾が出てきてしまったのです。つまり、最初の仮定「$5\sqrt{2}$が無理数でない」は間違っていることになります（step 3）。正しいのは「$5\sqrt{2}$が無理数である」になります。

以上が証明です。問題を直接解こうとする「正攻法」（**直接証明法**といいます）に対して、今述べたような証明を**間接証明法**といいます。問題が直接証明できそうにない時は、以上の背理法のように「逆転の発想」をとり、「裏をかいて」間接的に証明していくのです。

以上の背理法の流れをもう一度まとめておきますと、

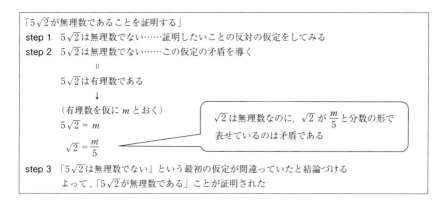

ということになります。step 1 の部分が、少々「ひねくれ者」の発想になっています。最終的に証明したいことが証明しにくいので、最初にわざとひねくれるのです。統計的検定もこれと似た方法をとります。

統計的検定への導入

以上、背理法について説明しましたが、統計的検定の流れもこれに似ています。先の表4-2の霞ヶ淵小学校、ひばり台小学校の例で考えてみましょう。

心理学では、何かと何かを比較する場合、通常、そこに差があることを期待することが多いです。例えば、ある塾の先生が、自分の担当するクラスの生徒

何人かを対象にして,「試験前日一夜漬け」と「試験前1週間毎日30分ずつ勉強する」,どちらが試験に効果的か,という点について検証したいとしましょう。この場合,クラスの生徒をランダムに半分ずつに分け（これを**無作為配置**とか**無作為割付**といいます）,その2つの群で試験の成績を比較する,といったことをしたとします。この場合,この塾の先生は,両群の成績に差がある,より具体的には「一夜漬け群の方が成績が悪い＝試験前1週間毎日30分ずつ勉強する群の方が成績がよい」ということを立証したいに違いありません。「一夜漬けはだめだよ,こつこつやらなければ」と生徒たちに説得的にいうためです。

　このように,証明したいことは通常,両群に差があることです（差がないことを立証しようとすることもありますが,心理学の研究の多くは,差があることの立証を目指していると思います）。さて,どのように証明するのでしょうか。差があることを証明したいのですから,まずは逆転の発想,背理法のように裏をかいて,「差がない」と仮定します。そして,次のような3段階を踏んでいきます。

　step 1　2つの小学校の平均には差がないと仮定する。

　最初に立てるこうした仮説のことを**帰無仮説**といいます（「帰無」とは耳慣れない言葉ですが,「無に帰したい」という願いが込められた仮説,つまり端的にいえば「そうなってほしくない仮説」だと思って下さい）。

　step 2　今得られたデータが,その仮定（帰無仮説）にマッチするかどうか,データから計算した数値（**検定統計量**といいます）を用いて調べる。

　step 3　帰無仮説にマッチするデータであれば,最初に立てた仮説（帰無仮説）は正しかったと結論づけ（つまり「2つの小学校の平均には差がない」と判断します）,マッチしないデータであれば,帰無仮説は棄却され,それとは「逆」の仮説（**対立仮説**といいます）が正しいと結論づけます（つまり「2つの小学校の平均には差がある」と判断します）。

第4章 数値を比較する

このように2つの平均を比較する際，多くの場合，伝統的に *t* **検定**という方法を用います。実際の計算は，一般にはコンピュータを用いて行います。もちろん，統計の授業，心理学の実験演習などでは，手計算を行うことにより実際の計算を試みることも重要です。

それでは以下，実際にコンピュータを用いた *t* 検定の結果をみながら，統計的検定について解説します。

この *t* 検定を行う前に，まず *F* **検定**というものを行います。*F* 検定とは，これから平均を比較しようとする2つの群の間に，分散の大きさに違いがあるかどうか調べる検定です。なぜ，2つの「平均」を比較するに先立って，2つの「分散」の違いをみるのでしょうか。それは，*t* 検定をやってもよい前提条件のひとつに，「2つの群の分散が等しい」というものがあるからです。そこで，この前提条件が満たされているかどうかをまず検討するのです。それが *F* 検定です。

まずは *F* 検定（SAS では）

それでは，実際に表4-2のデータについて統計的検定をやってみましょう。

SAS という統計ソフトがあります。後に紹介します **SPSS** や **R** とともに心理学の研究ではよく使われるものです。

SAS を用いて，表4-2のデータについて *t* 検定を行うプログラムは，例えば以下のようになります（なお，以降で出てくる出力は，実際のものをみやすいように少し加工してある場合があります）。ここでは「SAS で *t* 検定を行うプログラムはだいたいこのような感じ」と思っていただければ十分です。データの部分と，実際に *t* 検定を行うよう指定している部分について，示しておきました。点数に「ten」という変数名をつけてあります。データの部分にある「k」は「霞ヶ淵」の k，「h」は「ひばり台」の h です。*t* 検定を行う部分では，*t* 検定の英語である「ttest」の文字があるのが分かりますね。

```
data tt;
input school $ ten;
cards;
```

83

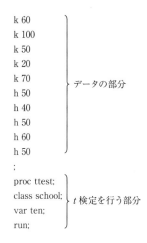

```
k 60
k 100
k 50
k 20
k 70           ⎫
h 50           ⎬ データの部分
h 40           
h 50
h 60
h 50
;
proc ttest;    ⎫
class school;  ⎬ t検定を行う部分
var ten;       
run;
```

さて，結果です．上記のプログラムを実行した結果は，以下のとおりです（まずは，結果の出力全体を示してしまいます．その後に，太線で囲った部分について具体的に説明していきます）．

TTEST プロシジャ
変数：ten

school	N	平均	標準偏差	標準誤差	最小値	最大値
h	5	50.0000	7.0711	3.1623	40.0000	60.0000
k	5	60.0000	29.1548	13.0384	20.0000	100.0
Diff(1-2)		−10.0000	21.2132	13.4164		

school	手法	平均	平均の95%信頼限界		標準偏差	標準偏差の95%信頼限界	
h		50.0000	41.2201	58.7799	7.0711	4.2365	20.3191
k		60.0000	23.7996	96.2004	29.1548	17.4676	83.7778
Diff(1-2)	Pooled	−10.0000	−40.9383	20.9383	21.2132	14.3286	40.6396
Diff(1-2)	Satterthwaite	−10.0000	−45.7578	25.7578			

手法	分散	自由度	t 値	Pr > |t|	
Pooled	Equal	8	−0.75	0.4774	←後掲表 4-5
Satterthwaite	Unequal	4.469	−0.75	0.4934	

等分散性					
手法	分子の自由度	分母の自由度	F 値	Pr > F	
Folded F	4	4	17.00	0.0178	←後掲表 4-3

第 4 章　数値を比較する

　ここでは，このすべてについて解説はせず，「ここだけは読み取ってほしい」という中核部分（太線で囲った部分）について解説していくことにしましょう。

　表 4 - 3 は t 検定に先立つ F 検定の結果で，後に出てくる表 4 - 5 が t 検定の結果です。これらの表は，いずれも実際に SAS を使って計算したコンピュータの出力（前掲）から抜粋したものです。なお，SAS のバージョンによってはこれとは多少違う出力になる場合もあります。

　表 4 - 3 は t 検定そのものではありませんが，t 検定の前提条件について検討している部分で，この結果次第で次が変わってきますので，まずこちらを説明します（なお，先ほど結果全体を示したとおり，実際の SAS の出力では，表 4 - 3 の部分は次に説明する t 検定の結果（表 4 - 5）の下側に出てきますので注意して下さい）。

　さて，表 4 - 3 ですが，上の方に，等分散性とあります。ここは今比べようとしている 2 つの群（霞ヶ淵小学校・ひばり台小学校）の分散が等しいとみなせるどうか，統計的検定をしている部分です（**分散の等質性の検定**）。統計的検定には，様々な種類がありますが，この表 4 - 3 の部分は F 検定という統計的検定をしています。この場合の帰無仮説は「2 つの群の分散は等しい」（2 つの群の分散に差はない）です。

　表 4 - 3 で注目してほしいのは，「F 値」と「Pr ＞ F」です（表の下に「ここに注目」と書いておきました）。**F 値**とは，F 検定の場合に用いる検定統計量です。この値をもとにして，帰無仮説が妥当であるかどうか判断します。この場合，「表 4 - 2 のデータから F 値を計算すると 17 になりました」ということです。なお，手計算の具体的な方法については，分かりやすさのために本書では解説しません。

　それでは，F 値の右隣にある「Pr ＞ F」はいったい何を意味するのでしょうか。これは **p 値**と呼ばれるものです。**有意確率**あるいは**限界水準**とも呼ばれます。p 値はデータから計算されるもので，この場合，この値をもとにして分散が等しいかどうか判断します。p 値は，有意「確率」と呼ばれることからも分かるように「確率」なのですが，具体的にはどのような確率を意味しているのでしょうか。この F 検定の場合，p 値の意味するところは，「帰無仮説が正しいと仮定した場合，データから計算された F 値よりも F 値が大きくなる

85

表4-3 *F*検定の結果（SAS）

等分散性				
手法	分子の自由度	分母の自由度	F 値	Pr > F
Folded F	4	4	17.00	0.0178

↑
ここに注目

確率」です。この表4-3で出ている結果を言葉で説明しますと，「2つの群の分散は等しいという帰無仮説が正しいと仮定した場合，今得られた17という値よりも*F*値が大きくなる確率は0.0178です」ということです。確率が0.0178というのは，1.78%です。つまり，「帰無仮説が正しいならば，17以上の*F*値が得られるのは1.78%というかなり低い確率だ」ということになります。いいかえると「あまり起こりえないこと，珍しいことが起こった」ということです。

このような珍しいことが起こるには何か理由があります。そう，それは変な仮定をしたからです。「2つの群の分散は等しい」という仮定をおいた，その仮定のせいで，17という珍しい値が得られたのです。そんな珍しい値が得られたということは，仮定，つまり帰無仮説がおかしかったのではないかと疑います。「分散が等しいという世界から出てきた値にしては，珍しすぎるぞ」ということです。そして，その帰無仮説は，今のデータからすると不自然だということで捨てます。つまり「帰無仮説を棄却する」ことになります。

帰無仮説が棄却されると，その代わりにどんな仮説が採択されるのかというと，帰無仮説の「逆」の仮説です。「分散は等しい」の「逆」ですから，「分散は等しくない」が対立仮説で，このデータの場合，対立仮説が採択されます。つまり「2つの群の分散は等しくない」ということになります。

このように，帰無仮説が棄却され，対立仮説が採択されることを，**有意**といいます。よく論文などで「統計的に有意だった」とあるのは，「帰無仮説が棄却され対立仮説が採択された」という意味です。この場合，「*F*検定の結果，有意だった」ということは，具体的にいいますと，「霞ヶ淵小学校の分散と，ひばり台小学校の分散は，統計的にみて差がありますよ」ということです。こ

第4章 数値を比較する

こであらためて表4-2をみて下さい。霞ヶ淵小学校の散らばりの方が大きいですね。両校の分散に差があることが、「ぱっとみた」主観的視点ではなく、「統計」という客観的視点から立証されたとみなせます。もとのデータをみているだけですと、ある人は「両群の分散に差がある」とみなし、別の人は「両群の分散に差はない」とみなす、ということは十分ありえます。そこで、F 検定という共通のものさしを使って「差がある」「差がない」と客観的に認定するわけです。

　ここで F 検定の流れをまとめておきましょう。

---

step 1　2つの小学校の分散は等しい（帰無仮説を立てる）

step 2　今得られたデータが、帰無仮説にマッチするかどうか、データから計算した F 値を用いて調べる（これは一般に統計ソフトで行う）

step 3　F 値が帰無仮説にマッチする値であれば、「帰無仮説は正しかった」（「有意でない」）と結論づけ、マッチしない値であれば、帰無仮説とは逆の仮説、つまり対立仮説を採択する（「有意である」ということ）

　「有意である」という判断の源は、「帰無仮説のもとでは滅多に起こりえない珍しい値であった」ということです。それでは、どのような場合に「珍しい」と判断するのでしょうか。これについては、絶対的な基準はないのですが、心理学研究で（あるいは統計を用いる他の学問領域においても）一般的に使われている慣例があります。それは5%です。先の F 検定の結果では、p 値は0.0178、つまり1.78%でした。5%よりも低い確率ですね。一般には、このように5%よりも低い確率である場合に「有意」と判断します。これを「5%水準で有意であった」と表現します。さらに、p 値が例えば「0.0085」つまり0.85%だったとしましょう。5%より小さいのみならず、1%よりも小さい値です。この場合、「1%水準で有意だった」といいます。このように p 値の大きさに応じて「5%水準で有意」「1%水準で有意」などと表現します。一般的には、5%と1%が判断の境目になりますが、判断の境目になる5%とか1%という値のことを**有意水準**といいます。有意水準は記号で α と表記されます。例えば、有意水準が5%の場合ですと、$\alpha = .05$ と書かれます（0.05の一の位の「0」は省略することが一般的です）。

87

表 4 - 4　*p* 値と有意性の判断

p 値	有意かどうか	例
5%（0.05）よりも大きい	有意でない	*p* 値 = 0.0973
1%（0.01）と 5%（0.05）の間	5%水準で有意である	*p* 値 = 0.0178
1%（0.01）よりも小さい	1%水準で有意	*p* 値 = 0.0085

　以上の点について，表 4 - 4 に整理しておきます。この基準は，*F* 検定だけでなく，次に説明します *t* 検定ではもちろん，統計的検定すべてにおいて適用される基準です。なお，表 4 - 4 には書きませんでしたが，*p* 値が 5%よりも大きく 10%よりも小さい場合，論文でときどき**「有意傾向であった」**と表記されることがあります。例えば，*p* 値が 0.0561 だったとしましょう。ほんのわずか 5%（0.05）を上回っています。「有意傾向」の意味するところは，「もう少しで有意になります」ということです（「お，惜しい。もう少しで有意だったのに」といったところです）。

いよいよ *t* 検定（SAS では）

　t 検定に先立って行われる *F* 検定をもとに，統計的検定の話をしてきました。ここで本筋に戻って *t* 検定の説明を始めたいと思います（以下ではまず，**対応のない *t* 検定**の説明をしていきます。「対応のあるなし」の意味については後述します）。表 4 - 2 のデータを分析する目的は，2 つの平均に差があるかどうかを調べることでした。表 4 - 2 のデータについて *t* 検定を行った SAS の出力が表 4 - 5 です（先ほどは結果全体を示しましたが，表 4 - 5 はその一部です）。

　なぜ，これまで長々と *F* 検定について説明したかというと，*F* 検定の結果によって，つまり 2 つの群の分散が等しいか等しくないかによって，表 4 - 5 の出力でみるところが違うからです。

　先ほどの *F* 検定の結果は有意でした。つまり，2 つの群の分散は等しくない（unequal），ということです。というわけで，このデータの場合は「Unequal」のところをみます。ここには，*t* 検定の近似的な方法（*t* 検定に近い方法）による結果が示されています。*F* 検定の結果，*t* 検定の前提条件である「等分散」

第4章　数値を比較する

表4-5　*t*検定の結果（SAS）

手法	分散	自由度	t 値	Pr＞|t|
Pooled	Equal	8	− 0.75	0.4774
Satterthwaite	Unequal	4.469	− 0.75	0.4934

↑
このデータではここに注目

が満たされない場合は，*t*検定は使えないとみなすことが一般的です。今の例では等分散でないことが分かったので，*t*検定そのものは使うことができません。そのため，*t*検定の近似的な方法を用いた結果をみるのです。それが「Unequal」のところに示されています。表4-5には「このデータではここに注目」として囲んでおきました。もし，*F*検定の結果「等分散」であると判断されたなら，その上の「Equal」のところの2つの値に注目します。

　*F*検定の際の検定統計量は*F*値でした。これと同じように，*t*検定の際の検定統計量は**t 値**です。−0.75という数値が*t*値です。この値をもとに，有意かどうか判断するのです。あとは*F*検定の場合と同じです。*t*値の右隣にあるPr＞|t|は*p*値です。これの意味するところは，「帰無仮説が正しいと仮定した場合，データから計算された*t*値の絶対値よりも*t*値が大きくなる確率」です。もう少し具体的に表現すると，「2つの群の平均が等しいという帰無仮説が正しいと仮定した場合，今得られた−0.75という値の絶対値よりも*t*値が大きくなる確率は0.4934です」ということです。

　確率が0.4934というのは49.34％，つまりほぼ五分五分の確率です。いいかえると，「それほど珍しいことではない」ということです。先ほどの*F*検定の結果とは違って，帰無仮説のもとでも十分生じうる値だということになります。ですから，「帰無仮説がおかしいのでは」と疑う必要はありません。「平均が等しいと仮定した場合でも，この値は，その仮定に照らして不自然なところはない。十分ありうる値である」ということです。したがって，帰無仮説は今のデータには矛盾しない，マッチしているとみなし，帰無仮説は棄却しません。「2つの群の平均は等しい」ということになります。つまり「有意ではなかった」ということです。

89

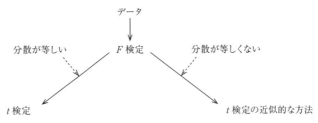

図4-2 2つの平均の差の検定の流れ——等分散かどうかによる枝分かれ

ここであらためて t 検定の流れについてまとめておきましょう。

---
step 1　2つの小学校の平均には差がない（帰無仮説を立てる）
step 2　今得られたデータが，帰無仮説にマッチするかどうか，データから計算した t 値を用いて調べる（これは一般に統計ソフトで行う）
step 3　t 値が帰無仮説にマッチする値であれば，「帰無仮説は正しかった」（「有意でない」）と結論づけ，マッチしない値であれば，帰無仮説とは逆の仮説，つまり対立仮説を採択する（「有意である」ということ）

　以上，まず F 検定について説明し，その後 t 検定について説明しました。表4-2のデータは，「等分散」という t 検定の前提条件が満たされないケースでした。「2つの群の分散が等しい」が満たされない場合は，t 検定の近似的な方法を使いますが，考え方は t 検定でもその近似的な方法でも同じです。t 検定の流れを図4-2に整理しておきます。

　表4-2のデータは F 検定で有意だったので，2つの枝のうちの右側，つまり t 検定の近似的な方法を行い，その結果有意ではありませんでした（つまり，霞ヶ淵小学校とひばり台小学校の間には平均の差はないとみなせる，ということです）。統計的検定とは，以上のように，得られたデータをもとにして，帰無仮説をとるかそれとも対立仮説をとるかという選択をするもの，といえるでしょう。

SPSSでは

　SAS と並んで有名な統計ソフトに SPSS があります。SPSS の出力についても掲載しておきましょう（表4-6）。
　値については，SAS の場合と実は少し違っています。SAS では，F 値が

第4章 数値を比較する

表4-6 *t*検定の結果（SPSS）

グループ統計量

	学校	N	平均値	標準偏差	平均値の標準誤差
点数	霞ヶ淵小学校（都心）	5	60.00	29.155	13.038
	ひばり台小学校（郊外）	5	50.00	7.071	3.162

独立サンプルの検定

	学校	等分散性のための Levene の検定		2つの母平均の差の検定						
		*F*値	有意確率	*t*値	自由度	有意確率（両側）	平均値の差	差の標準誤差	差の95%信頼区間 下限	上限
点数	等分散を仮定する	3.368	.104	.745	8	.477	10.00	13.416	−20.938	40.938
	等分散を仮定しない			.745	4.469	.493	10.00	13.416	−25.758	45.758

17.00 でした。この値は，（霞ヶ淵小学校の分散）÷（ひばり台小学校の分散）という計算で得られたものです。一方，SPSS では「等分散性のための Levene の検定」と書かれていますが，SAS とは別の方法で等分散の検定をやっているのです。そのために，SPSS では有意でない（*p* 値が 0.104 なので），SAS では有意，という異なる結果になってしまったのです。

「統計ソフトによって *F* 検定の結果が異なるのは困る」と思われるでしょう。ですが，実のところ *t* 検定では，その前提条件である等分散性が満たされなくても，*t* 検定の結果が大きく歪んでしまうことはない，ということが知られています。このように，前提条件から逸脱しても結果が揺れ動かないことを**頑健性**といいます。*t* 検定は等分散性について頑健なのです。頑健性とは，いいかえれば「仮定が揺れ動いても，結果がそれに伴って揺れ動かない程度」，つまりは「結果の鈍感さ」ということになります。

「だったら，そもそもなぜ等分散の検定をやるなんて回り道をするんだ」という声が聞こえてきそうですが，伝統的にも，実際の統計ソフトでもまず等分散の検定，そして *t* 検定あるいは *t* 検定の近似的な方法，という流れをとることが多いです。

F 値以外にも，さらにもう 1 点違うところがあります。*t* 値です。SAS では

91

t 値 = −0.75 とマイナスがついているのに，SPSS では t 値 = 0.75 とマイナスがついていません（実際には 0.745 ですが，四捨五入すると 0.75 ですね）。この点については，気にする必要はありません。といいますのも，先ほど書いたとおり，t 検定の結果は，t 値の絶対値でみるからです。絶対値というのは，プラス，マイナスを取り払ったものです（「原点からの距離」ということです）。マイナスがついていてもいなくても，有意かどうか判定する際には，t 値の絶対値でみるため，符号については気にする必要はありません。

以上のように細かい事情はありますが，検定結果をみる場合に特に注目すべき箇所は，F 値，t 値といった検定統計量の値と，p 値の 2 つということになります。一般には，「有意かどうかをまず知りたい」ということで，「何はともあれ p 値をみる」という人が多いでしょう。もちろん，その他の値を無視してよいということはありません（論文などに記載する情報は，一般には，検定統計量の値，p 値に加えて，**自由度**と呼ばれる値，の合計 3 つになります）。

R では

3 つ目に，R のプログラム（頭に>がついた部分）と出力についても掲載します。R は無料のソフトでありながら高機能であり，広く使用されています（なお，SAS には無償版がありますが，SPSS にはありません）。

以下のように，SAS や SPSS と同じ値であることが確認できます。

```
> 霞ヶ淵小学校<-c(60,100,50,20,70)
> ひばり台小学校<-c(50,40,50,60,50)
> var.test(霞ヶ淵小学校, ひばり台小学校)


       F test to compare two variances
data: 霞ヶ淵小学校 and ひばり台小学校
F=17, num df=4, denom df=4, p-value=0.01783
alternative hypothesis: ture ratio of variances is not equal to 1
95 percent confidence interval:
     1.769998  163.277008
sample estimates:
ratio of variances
                 17
```

>t.test（霞ヶ淵小学校, ひばり台小学校）

　　Welch Two Sample t-test
data: 霞ヶ淵小学校 and ひばり台小学校
t=0.74536, df=4.469, p-value=0.4934
alternative hypothesis: true difference in means is not equal to 0
95 percent confidence interval:
　　-25.75781　45.75781
sample estimates:
mean of x mean of y
　　　60　　　　50

日常生活での「統計的検定」的な考え方

　これまで，F 検定，t 検定を例に，統計的検定の流れについて説明してきました。検定の考え方は，とっつきにくくて，はじめのうちはなかなか慣れないかもしれません。けれども，実はこうした考え方は，私たちも普段無意識に使っているものです。

　こんな例を考えてみて下さい。A 君が B さんのことを好きになったとしましょう。A 君の最大の関心事は，B さんも自分のことが好きかどうかということです。つまり，「B さんは自分のことが好きでない」か，「B さんは自分のことが好きである」か，どちらの仮説が正しいか白黒つけたいわけです。この「白黒つける」のが統計的検定です。

　A 君にとって「無に帰してほしい」仮説，つまり帰無仮説はもちろん「B さんは自分のことが好きでない」です。さて，このような場合，A 君はどのように考えるでしょうか。

　step 1　「B さんは自分のことが好きでない」（帰無仮説）と仮定する。

　この仮説の是非を検討するデータ，つまり検定統計量は何でしょうか。そのひとつに「B さんが自分の誘いにのってくれた回数」が考えられます。もちろん，この他にも，「B さんと目が合った回数」とか「向こうからメールをくれる回数」などのように，ほかにも「検定統計量」はいろいろと考えられるでし

ょう。現実には，A君は，ひとつだけでなく様々な「検定統計量」をもとに
総合的な判断をしています。以下では，話を単純化して「誘いにのってくれた
回数」だけについて考えてみましょう。

> step 2 「誘いにのってくれた回数」が，帰無仮説にマッチするかどうか
> 考える。

> step 3 「誘いにのってくれた回数」が少なければ，「帰無仮説は正しかっ
> た」と結論づける。

　これは「有意でない」，つまり「Bさんは自分のことが好きでない」という
ことです。回数が多ければ，帰無仮説とは逆の仮説，つまり対立仮説が採択さ
れ，「有意である」つまり「Bさんは自分のことが好きである」ということに
なります。

　このような流れでものごとを考えることはよくありますよね。誘いにのって
くれた回数が何回中何回以上であれば対立仮説を採択するか，つまり相手が自
分のことを好きだと判断するのかについて，もちろん明確な基準などありませ
ん。また，楽観的に考える人もあれば悲観的に考える人もありで，人によって
基準は違います。しかし，今みてきたような統計的検定に類似した思考は，私
たちも日常的にやっているものです。

統計的検定の「誤り」

　さて，こうした考え方はもちろん100％これでよいというものではありませ
ん。むしろ誤りがあって当然です。どのような誤りがあるでしょうか。以下の
2つの誤りが考えられます。

① 第1種の誤り
　本当は帰無仮説が正しい，つまり「Bさんは自分のことが好きでない」の
にもかかわらず，対立仮説を採択してしまう，つまり「Bさんは自分のこ
とが好きである」と間違って判断してしまう，いわば「うぬぼれ」の誤り。

第4章　数値を比較する

②　第2種の誤り

　　本当は対立仮説が正しい，つまり「Bさんは自分のことが好きである」の
　にもかかわらず，帰無仮説を採択してしまう，つまり「Bさんは自分のこ
　とが好きでない」と間違って判断してしまう「きおくれ」の誤り。

　統計的検定では，以上2つの誤りが起こりうると考えます。

　最初の方の誤り，つまり帰無仮説が正しいのに，間違って対立仮説を採択し
てしまう誤りのことを，**第1種の誤り**といいます。一方，後の方の誤り，つ
まり対立仮説が正しいのに，間違って帰無仮説を採択してしまう誤りのことを，
第2種の誤りといいます。統計的検定で何らかの決定を下す場合には，常に
この2種類の誤りがつきまとうのです。

　先に，5%，1%という有意水準について説明しました。これと p 値とを比較
して，有意かどうかの判断をするのでしたね。この5%，1%という確率こそ
が第1種の誤りの確率です。統計的検定では，誤りの確率を低い確率にしてい
ることが分かります。また，「有意水準は記号で α と書く」ということについ
ても説明しました。これはつまり，第1種の誤りの確率は記号で**α**と書くとい
うことです。同じように，第2種の誤りの確率は記号で**β**と表記されます。以
上の点について，表4-7に整理しておきました。

　本章では，統計的検定の説明に先立って，背理法の考え方を説明しました。
統計的検定と背理法は似ています。しかし，この2つはあくまで「似ている」
だけで，まったく同じというわけではありません。どこが違うのでしょうか。
それは，統計的検定には，以上でみたように誤りの可能性がある，つまり確率
的な要素があるという点です（いいかえると「100%でない」ということです）。一
方，背理法では，「$5\sqrt{2}$ が無理数でないと仮定→$5\sqrt{2}$ は有理数である→その
有理数を m とおくと $\sqrt{2} = \dfrac{m}{5}$ →矛盾→$5\sqrt{2}$ は無理数」という流れのどこの
「→」にも確率的なところはない，つまり常に100%続きなのです。それに比
べると統計的検定はあやふやです。t 検定でいえば，「2つの群の平均が等しい
という帰無仮説が正しいと仮定した場合，データから計算された -0.75 という
値の絶対値よりも t 値が大きくなる確率は 0.4934 なので，帰無仮説を採択しよ
う」となりますが，0.4934 という確率が関与していることから分かるように，

95

表 4-7 統計的検定における 2 種類の誤り

		真　実	
		帰無仮説が正しい （B さんは自分のこと が好きでない）	対立仮説が正しい （B さんは自分のこと が好きである）
判断	帰無仮説を採択 （B さんは自分のこと が好きでない）	**正しい**	**第 2 種の誤り** きおくれ （B さんは自分のことが 好きなのに，好きでない と判断してしまう）
	対立仮説を採択 （B さんは自分のこと が好きである）	**第 1 種の誤り** うぬぼれ （B さんは自分のことが 好きでないのに，好きで あると判断してしまう）	**正しい**

常に 100％続きというわけではないのです。

対応のあるなし

　先に，霞ヶ淵小学校とひばり台小学校の例をもとに，t 検定の話をしました。
t 検定は 2 つの平均の差の検定でしたね。

　ここでこんな例を考えてみましょう。霞ヶ淵小学校では，算数の得意な先生
が，計算能力を向上させるドリルを開発しました。このドリルを，以下の表
4-8 に挙げた 5 人の生徒に行わせ，計算能力が向上するかどうか確かめました。
そのためにまず，ドリル指導を受ける前の計算テストの成績を調べておき（「事
前」），次にドリル指導を受けた後にも計算テストの成績を調べる（「事後」），と
いう方法が考えられるでしょう。この「事前」「事後」という 2 つの成績が，
ドリルの効果を調べるためのデータです。このように，心理学では，何かの
「前」と「後」というデータについて分析することがよくあります。心理学以
外でも，例えば血圧を下げる薬の効果を調べる研究であれば，その薬を投与す
る前の血圧と，投与した後の血圧を比較しようと考えるでしょう。以上のよう

なデータを**事前事後データ**といいます。

表4-8のデータをみると, 成績の向上が認められます。実際, 事前・事後で平均を出してみると, 事前の平均は60点, 事後の平均は80点で, この計算ドリルの効果はあったと思われます。

表4-8 算数の計算テスト成績 (事前・事後)

名前	事前 (点数)	事後 (点数)
秋子さん	60	90
光君	100	100
美帆さん	50	70
ゆかりさん	20	60
翔太君	70	80
平均	60	80

この表4-8のデータ, 先の表4-2のデータには, どちらにも2つの平均があります。表4-2では, 霞ヶ淵小学校の平均とひばり台小学校の平均, 表4-8では, 事前の平均と事後の平均ですね。

けれども, この2つのデータには大きな違いがあります。それは何でしょうか。表4-8では,「1人の人に2つの値がある」ということです。表4-2では, 1人にひとつの値しかありませんでしたね。この表4-8のようなデータのことを**対応のあるデータ**といいます (対になった**標本**とか**関連のある標本**と呼ばれることもあります)。「1人の人の中に2つの値が対応づいている」ということです。一方, 表4-2のようなデータのことを**対応のないデータ**といいます (**独立な標本**とか**関連のない標本**と呼ばれることもあります)。この違いは重要です。対応のあるなしによって, 分析方法が異なるからです。

対応のあるなしについて, 模式図を用いて説明していきましょう。まず対応のないデータですが, 例えば, 社交性について男女で比較する, といったケースを考えます。この場合は, 男性たち, 女性たち, それぞれの群の中で, 順番を入れ替えても全然問題ありません。図4-3において, 男性の1番目のデータを3番目に持ってこようが, 女性の2番目のデータを一番下に持ってこようが構いません。あくまで男性たちの平均と女性たちの平均を算出してその差を比較しますから, どんな並び順でも, 男性・女性それぞれの平均には何ら影響しませんね。このように順番を入れ替えても問題ない, つまり「シャッフル可能」というのが, 対応のないデータの特徴です。

それでは, 対応のあるデータはどうでしょうか。「シャッフル不可能」です。

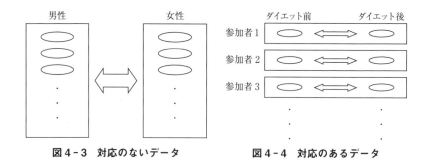

図4-3 対応のないデータ　　　図4-4 対応のあるデータ

例として,あるダイエット法を何人かの実験参加者に実践し,そのダイエット法の効果について検証する研究を考えましょう。図4-4のように,すべての実験参加者について,ダイエット前に体重を測定し,ダイエット後にも体重を測定する,という研究法が考えられます(つまり事前事後データです)。

この場合,対応のないデータのように順番を入れ替えたら(つまりシャッフルしたら)どうなるでしょうか。これはおかしな話です。例えば,参加者1のダイエット前の体重の値を,参加者3のダイエット前の体重の値と入れ替えたらどうなるでしょうか。これはナンセンスです。なぜなら,参加者1のダイエット前の体重の値,参加者1のダイエット後の体重の値は,ともにその参加者1の固有の値だからです。1人の人の中に事前事後で2つの値が対応づいていますから,先ほどの男女比較のように,ダイエット前,ダイエット後,それぞれの中で順番を入れ替えることはできません。せっかく事前と事後に収集したデータなのに,順番を入れ替えてしまったら,事前事後に関して正確な比較ができなくなってしまいます。これが対応のあるデータの特徴です。

以上が,対応のあるデータ,対応のないデータの違いについての説明です。対応のない場合のt検定については先に説明しましたから,以下では,対応のある場合のt検定について具体的に説明していきたいと思います。

2つの平均の比較(対応ありの場合)

表4-8のデータについて,SASを用いて**対応のあるt検定**を行うためのプログラムを以下に示します。

第 4 章　数値を比較する

```
data tt;
input name $ jizen jigo;
cards;
akiko 60 90
hikaru 100 100
miho 50 70          データの部分
yukari 20 60
shota 70 80
;
proc ttest;
paired jigo * jizen;   対応のある t 検定を行う部分
run;
```

　先ほど同様，まずデータがあり，その後に対応のある t 検定をするよう指示するプログラムを書いています（「対応なし」の場合とは，同じ ttest でもちょっと違うところがあります。こちらでは paired という「対応」を意味する語がありますね）。次に，このプログラムを実行した結果をみてみましょう。

TTEST プロシジャ

差：jigo － jizen

N	平均	標準偏差	標準誤差	最小値	最大値
5	20.0000	15.8114	7.0711	0	40.0000

平均	平均の 95％信頼限界		標準偏差	標準偏差の 95％信頼限界	
20.0000	0.3676	39.6324	15.8114	9.4731	45.4349

自由度	t 値	Pr > |t|
4	2.83	0.0474

←ここに注目

　注目すべきところは，対応のない場合と同様，t 値と p 値です。t 値は 2.83 です。さて，有意でしょうか，有意でないでしょうか。その答えは p 値にあるのでしたね。p 値は 0.0474 です。この値は 5％よりも大きいですか，小さいですか。もちろん，小さいですね。ですから，まず「5％で有意」は間違いありません。それでは，1％水準でも有意でしょうか。p 値は 0.0474 で，5％よりは小さいですが，1％よりは大きいです。ですから，1％水準で有意というところまではいきません。したがって，5％水準で有意ということになります。表 4 –

99

表 4-9　対応のある t 検定の結果（SPSS）

対応サンプルの統計量

		平均値	N	標準偏差	平均値の標準誤差
ペア 1	事前	60.00	5	29.155	13.038
	事後	80.00	5	15.811	7.071

対応サンプルの相関係数

		N	相関係数	有意確率
ペア 1	事前＆事後	5	.922	.026

対応サンプルの検定

		対応サンプルの差					t 値	自由度	有意確率（両側）
		平均値	標準偏差	平均値の標準誤差	差の 95％信頼区間				
					下限	上限			
ペア 1	事前－事後	−20.00	15.811	7.071	−39.63	−.37	−2.828	4	.047

8 のデータを分析した結果，「ドリルの効果は 5％水準で有意だった」というのが，最終的な結論となります。

さて，以上の「対応あり」の場合は，「対応なし」のような分散の等質性の検定がありません。それもそのはず，群が 2 つないからです。たしかに，事前・事後と 2 つの「群」があるにはあるのですが，分析の際には，それぞれの人ごとに差をとり，その差の平均が 0 であるかどうかの検定をしているのです。

それでは，SPSS の方もみてみましょう（表 4-9）。SPSS においても，t 値は −2.828，有意確率（p 値のことです）は .047 と，（桁数などは違いますが）SAS と同じ結果になっていることが分かります（t 値のプラス・マイナスについては，先ほど述べたとおりです）。

3 つ目に，R のプログラムと出力についても掲載します。SAS や SPSS と同じ値であることが確認できます。

```
> 事前<-c(60,100,50,20,70)
> 事後<-c(90,100,70,60,80)
> t.test(事前, 事後, paired=TRUE)
```

　　　　Paired t-test
data: 事前 and 事後
t=-2.8284, df=4, p-value=0.04742
alternative hypothesis: true difference in means is not equal to 0
95 percent confidence interval:
　　-39.6324316　-0.3675684
sample estimates:
mean of the differences
　　　　　　　-20

３つの平均の比較

　これまで，主として２つの平均の差の検定について述べてきました。しかし，例えば「霞ヶ淵小学校，ひばり台小学校，亀窪小学校」の３つの平均について比較したい場合はどうしたらよいのでしょうか。この場合，t検定を学んだ皆さんは，「霞ヶ淵小学校・ひばり台小学校」「霞ヶ淵小学校・亀窪小学校」「ひばり台小学校・亀窪小学校」と，t検定を３回繰り返せばよいのでは，と思うかもしれませんが，この「t検定の繰り返し」はよくない方法です。このような場合には，**分散分析**を用います。２つの平均の比較はt検定，３つ以上になったら分散分析，というのが一般的な方法です。

　分散分析について本格的に説明しますと，どうしても大部になってしまいますので，以下簡単に考え方だけを説明しておきましょう。

分散分析への導入

　例として，ある心理テストを３つの大学で実施したという場合を考えましょう。表4-10に，各大学３人という簡単なデータ例を示しました。まず，表4-11のように大学ごとに平均を出してみましょう（すぐ後で必要になりますので，9人全員の平均も出しておきます。これを**全平均**といいます）。

　このデータ例について，分散分析をしてみます。この場合，分散分析では，「この心理テストの得点は，大学の違いによってどの程度まで説明できるか」ということを考えます。分散分析では，この「何によって説明するか」（この場合「大学の違い」）に相当する変数を**要因**といいます。また，「A大学」「B大学」「C大学」のように，要因の中の個々の条件を**水準**といいます。さて，ま

101

表4-10　大学別の全データ		
A大学のデータ	B大学のデータ	C大学のデータ
6, 7, 5	7, 9, 8	9, 10, 11

表4-11　大学別の平均と全平均			
A大学の平均	B大学の平均	C大学の平均	全平均
6	8	10	8

ず9人全体では得点はどの程度散らばっているでしょうか。散らばりを考えるにあたり，以下のように，全平均からのへだたりを計算します。

(A大学の1番目の人の得点－全平均)の2乗＋（A大学の2番目の人の得点－全平均)の2乗＋（A大学の3番目の人の得点－全平均)の2乗＋(B大学の1番目の人の得点－全平均)の2乗＋……

$$= (6-8)^2 + (7-8)^2 + (5-8)^2 + (7-8)^2 + (9-8)^2 + (8-8)^2 + (9-8)^2 + (10-8)^2 + (11-8)^2$$
　　└──A大学の3人──┘　└──B大学の3人──┘　└──C大学の3人──┘

　これを計算すると30になります（各々2乗しているのは，第3章「分散と標準偏差」で説明したように，プラス・マイナスで打ち消しあうことを防ぐためです）。大学の違いということを考えず，とにかく9人全体としてどの程度散らばっているかということを，全平均をもとに考えていますね。この30という値を**全体平方和**といいます（これは分散の一種です）。

　さて，この30という散らばりは，大学の違いでどの程度まで説明できるでしょうか。各大学の平均は，順に6，8，10でしたね。同じ大学の人は，仮に3人ともその大学の平均だとしますと，大学の違いによる散らばりは，

$$3 \times (6-8)^2 + 3 \times (8-8)^2 + 3 \times (10-8)^2$$
　└─A大学─┘　└─B大学─┘　└─C大学─┘

で24になります。これが，先の30という全体平方和のうち，大学の違いで説明できる部分です。これを**群間平方和**といいます。

　次に，各大学内での散らばりを考えてみましょう。先ほど，群間平方和の計算のとき，同じ大学ということで，同じ大学の3人はすべてその大学の平均と

第4章　数値を比較する

みなしたわけですが，実際には，同じ大学の人でも得点に違いがあります。この「大学内での散らばり」は，

$$(6-6)^2+(7-6)^2+(5-6)^2+(7-8)^2+(9-8)^2+(8-8)^2+(9-10)^2+(10-10)^2+(11-10)^2$$
A大学の3人　　　　B大学の3人　　　　　　C大学の3人

と計算され，値は6になります。上記式では，各大学の中でどれくらい散らばりがあるか，ということで，各人の値から各大学の平均を引いています。この6という値を**群内平方和**といいます。これは，大学の違いでは説明できない部分ですね。

以上3つの平方和を計算しました。全体平方和が30，群間平方和が24，群内平方和が6です。これらの間には，

　全体平方和 = 群間平方和 + 群内平方和
　　30　　 =　　 24　 +　　 6

という関係がありますね。これを**平方和の分解**といいます。全体平方和を，群間平方和と群内平方和とに分解しているのです。この点が，分散分析の根本というべき部分です。もし，群間平方和の方が，群内平方和よりも十分に大きければ，それは大学という要因でよく説明できているということになります。この点を統計的に検討するわけですが，その前に，分散分析では，それぞれの平方和を自由度という値で割り算します。割り算したものを**平均平方**といいます。

群間平方和の自由度は，今3つの大学があるので，3 − 1 = 2となります。したがって，群間の平均平方は24 ÷ 2 = 12となります。群内平方和の自由度は，各大学3人なので，(3 − 1) + (3 − 1) + (3 − 1) = 6となります。したがって，群内の平均平方は6 ÷ 6 = 1となります（最初の「6」は群内平方和の6で，後の「6」は自由度の6です）。

さて，ここで，大学という要因で説明できる散らばりが，説明できない散らばりに比して，どの程度大きいかをみます。そのために，群間の平均平方 ÷ 群

103

内の平均平方を計算しますと 12 ÷ 1 = 12 となります。この 12 という値が F 値です（F 値は分散の等質性の検定でも出てきましたね）。この値が有意かどうかということですが，まず SAS のプログラムと出力をみてみましょう。

```
data bunsan;
input gun $ ten;
cards;
a 6
a 7
a 5
b 7
b 9
b 8
c 9
c 10
c 11
;
proc anova;
class gun;
model ten=gun;
run;
```

ANOVA プロシジャ

分類変数の水準の情報		
分類	水準	値
gun	3	abc

読み込んだオブザベーション数	9
使用されたオブザベーション数	9

従属変数：ten

要因	自由度	平方和	平均平方	F 値	Pr ＞ F
Model	2	24.00000000	12.00000000	12.00	0.0080
Error	6	6.00000000	1.00000000		
Corrected Total	8	30.00000000			

R2 乗	変動係数	Root MSE	ten の平均
0.800000	12.50000	1.000000	8.000000

要因	自由度	Anova 平方和	平均平方	F 値	Pr ＞ F
gun	2	24.00000000	12.00000000	12.00	0.0080

第4章 数値を比較する

表4-12 分散分析の結果（SPSS）

点数	分散分析
	平方和	自由度	平均平方	F値	有意確率
グループ間	24.000	2	12.000	12.000	.008
グループ内	6.000	6	1.000		
合計	30.000	8			

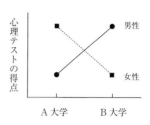

図4-5 交互作用の一例

p値が0.0080ですので，1%水準で有意ということになります。つまり，大学の効果は1%水準で有意である，という結果になりました。

同じようにSPSSでも計算しますと，表4-12のようになります。結果はSASの場合と同じになっています。

さらに，Rのプログラムと出力についても掲載しますが，SASやSPSSと同じ値であることが分かります。

```
> A大学<-c(6,7,5)
> B大学<-c(7,9,8)
> C大学<-c(9,10,11)
> 心理テスト<-c(A大学,B大学,C大学)
> 大学<-factor(c(rep("A",3),rep("B",3),rep("C",3)))
> summary(aov(心理テスト~大学))
            Df Sum Sq Mean Sq F value Pr(>F)
大学         2     24      12      12  0.008 **
Residuals    6      6       1
---
Signif. codes: 0 '***' 0.001 '**' 0.01 '*' 0.05 '.' 0.1 ' ' 1
```

このように，全体の散らばりのうち，その研究で考えている要因でどの程度まで説明できるかということを考えるのが分散分析です。「散らばりを分析することを通して，平均の差について検討していく」のが分散分析だと考えて下さい。

参考までにさらに筆を進めると，以上の例では，大学というただひとつの要因だけを考えています。分散分析では，要因を複数にして考えることもできます。例えば，「大学」という要因に加え，「性別」という要因についても考える

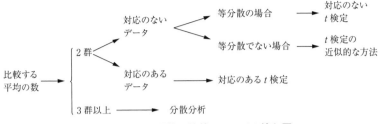

図4-6 平均の比較についての流れ図

というようなケースです。この場合,「この心理テストの得点は,大学の違い,性別の違いによってどの程度まで説明できるか」という点について分析していくことになります。このように,要因を2つ考える分散分析を **2要因の分散分析**（あるいは二元配置の分散分析）といいます。2要因の分散分析で重要になってくる概念が**交互作用**です。交互作用とは,例えば「A大学では女性の方が男性よりも心理テストの得点が高いが,B大学では逆に,男性の方が女性よりも心理テストの得点が高い」というようなことです。図4-5をみて下さい。この例をもとに交互作用について説明すると,「大学という要因が心理テストの得点に及ぼす影響が,もうひとつの要因（性別）の水準（男性か女性か）によって異なる」ということです。これが,「交互作用あり」ということです。交互作用についても,先ほどと同じように有意かどうか調べることができます。

以上,今後の学習を考えて,分散分析の基本的な考え方に絞った説明をしました。詳細については,他書に譲りたいと思います。

本章のまとめ

図4-6に,本章で述べた統計的検定を振り返り,「どういう場合に,どの手法を用いるのか」について,流れ図風にまとめておきました。本章を理解する際の助けになるかと思います。

以上,統計的検定の話をしてきました。説明はあくまで流れ重視で書いてあります。例えば t 検定の詳しい計算過程, t 検定の繰り返しがなぜいけないのか,分散分析の様々なケースにおける計算過程,といった点については,「読書案内」に挙げた本などをご参照下さい。

第 4 章　数値を比較する

文化をどう認識するか，どうふるまうか
──文化の中で生きる──

本章では，「数値の比較」について話しました。ここでは文化の違いが数値の差として表れている研究例を示します。

私とは何か？──「自己認識」

2 歳前後の子どもは，「私のもの」「僕も持ってる」「○○（自分の名前）はイヤ」「○○がする」などとしきりに口にしますが，それは子どもにおける自分の存在と意思の現れ──「自己認識」──を示すものです。このような自己認識は人間の特徴であり，人のあらゆる行動の基盤をなすものです。人の行動や性格などの特徴は，その人が自分をどう認識しているかということと密接に関連しています。このような重要性のために，「自己心理学」という心理学の領域さえあって，たくさんの研究が展開されています。よく耳にする「アイデンティティ」も，この自己認識と関係があります。

自他理解──自己紹介の文化比較

自己認識は一人一人違っていますが，一方，文化／社会ごとに特徴がみられます。皆さんは，初対面の人にどのように自己紹介をしますか？　「○○大学の 3 年生です」とか「○○社の経理にいます」，また「高校は○○でした」「テニス同好会に入っています」などといったことをいうでしょう。また未知の人に会えば，その人についても同様のことを知りたくなりませんか？　どの大学や会社の人なのか，出自──出身地や家庭──など，人がどのような集団に属しているか／出てきたのかを，知らせる／知ることが重視されているといえるでしょう。自己紹介に限らず，名刺にも必ず肩書き──所属する集団とそこでの地位──を書くのが通例です。私たちはこのようなことを当たり前と思っていますが，これは日本人に特徴的なことで，欧米諸国ではその人そのものを前面に出して自己紹介しますし，また肩書きつきの名刺を渡すことも稀なようです。

20 の問い「私は○○」への答──「Who am I?」法

さて，心理学では自己認識をどう捉えるか，様々な工夫をしていますが，そのひとつに「20 答法」があります。「私は○○」という文を 20 出し，○○の部分を書いてもらうもので，アメリカで開発された「Who am I?」法が原版です。皆さんも試してみて下さい。20 という限られた範囲で，自分をどう／何によって定義するかが問われるわ

107

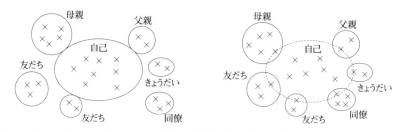

図A　欧米の独立的な個人（左）と東洋の相互関係的な個人（右）(Markus & Kitayama, 1991)

けで，この20の答の内容からその人の自己定義，ひいてはどのようなことを「自己」として重視し，核とみなしているかを推定しようというのです。

　この20答法の結果は，日本人とアメリカ人とではかなり違いがあります。日本人は，「○○社の社員です」「○○大学の学生です」「○○クラブに入っています」「末っ子です」「出身は○○県です」といった，自分が属している集団を挙げるのが特徴です。これに対してアメリカ人は，「数理的なことに強い」「趣味はピアノです」「大工仕事が好きです」といった，自分自身の特徴をまず挙げるのが普通です。日本人もこうした特徴を挙げることもありますが，その場合「私は社交的だといわれる」とか「陽気な方だ」ということが多い，つまり，自分を自分自身の判断で定義するのではなく，他人からそういわれるとか，他人に比べての特徴だ，として捉えるのです。

自己認識の東西――独立した個人と個人が相互に依存しあう関係

　このように自分を社会や他者との関係で捉える日本人の特徴と，他方，何よりも自分の特徴／独自性に注目するアメリカ人という相違を，マーカス（Markus, H.）らは欧米の「相互独立的自己」と日本をはじめとする東洋の「相互依存的自己」と名づけ，両者には個人と社会や他者との関係のとり方に相違があることを図示しています（図A）。

　図Aは，欧米では，人が一人一人独立したあり方，つまり自立していることと（他者にはない）独自の特徴を持っていることがよしとされますが，これに対して東洋（特に日本）では，自分と周囲の人々とは切り離せない関係にあり，相和し相互に支えあう関係がよしとされる傾向があることを示す図です。こうした違いが，先にみたような自己紹介の仕方や20答法の回答内容の違いに反映されています。アメリカ人が自分のことを（日本人には気恥ずかしいほど）肯定的に話すのを耳にします。それとは対照的に，日本人は自分や身内のことはへりくだって話すのが普通でしょう（そこまでいうこともないと思われる「愚妻」だの「豚児」といった表現は極端な例ですが）。身内は文字どおり自分の一部，自分が属しているものをへりくだった位置におくことで，他の人々を

不快にさせず，よい関係を保とうとするのでしょう。「出る杭は打たれる」「能ある鷹は爪隠す」「自慢は智恵の行き止まり」などといった諺がありますが，いずれも自分を他の人より上位におくことを戒め，謙譲を美徳とする日本の自己と他者との関係のとり方を表しています。成功やよい成績をあげた時，真っ先に「皆様のおかげです」というのが日本人

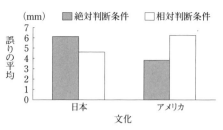

図B　日本とアメリカの学生の絶対判断条件と相対判断条件での成績（誤り）（Kitayama et al., 2003）

の通例です。それを「自分の力でやった！　やれた！」だの「自分の頑張りの結果だ」だのというと，驕りだとみなされがちです。これも自分と他者とが相互に深く結びついているという認識と，それをよしとする文化の反映です。

　日米の小学校国語の教科書を分析した今井（1990）は，友だちとかきょうだいというテーマが，日本では（けんかはしても最終的には）「仲よし」というトーンであり，他方，アメリカでは「きょうだいでも他人」「それぞれ違った個人」というトーンであるというように，異なることを明らかにしています。「同質性」「和」の重視（日本）か，「差異」「異質性」重視（アメリカ）か，自己のあり方についての文化規範が，教科書を媒介として子どもに伝達され，社会化されているのです。

外界の見方／判断の文化——状況依存性／独立性

　文化が自己のあり方に関係するのは，自己認識に留まりません。日常の行動のそこここに色濃く反映されています。北山らは，アメリカと日本の学生に，四角の中にある線分の長さを判断するという単純な課題を，①呈示された線分と同じ長さ（絶対判断），②線分の周囲の四角に対する比率（相対判断）の2条件でさせました。その結果，日本とアメリカの学生の成績は対照的でした（図B）。

　日本の学生は周囲の枠との関係で判断する方（相対判断）が得意で，アメリカの学生は長さそのものの絶対判断が得意だという対照です。ものごとを認知する場合に，対象だけでなく，それがどのような枠組みの中で位置づいているかを捉える日本，対象そのものに焦点づけるアメリカという対照です。このように，平均で比較すると，日米の対照性がよく分かりますね。なお，北山らは，アメリカで生まれ育った日本人学生についても実験し，彼らは絶対判断が得意だという結果を出して，認知・判断の仕方が生育した文化の中で育まれ特徴づけられることを明らかにしています。

　外界を認知する際，状況や背景を勘案しそれに依存して判断するか，状況から独立し

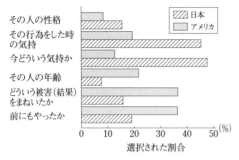

図C　善悪（道徳）判断をするために必要な情報
──日本とアメリカの学生（東, 1994）

たものとして判断するかは，かねて認知スタイルのひとつ──状況依存性か独立性かという個人の特徴──として取り上げられていました。北山らの実験は，この認知スタイルが単なる個人特性ではなく，生育する社会文化の中で形成され特徴づけられることを，巧みな実証によって明らかにしたのです。

善悪の判断／道徳判断にもみられる状況依存／独立の文化

　文化による認知・判断の特徴は，長さや大きさなど物理的属性の場合に限りません。ものごとの善悪の判断，道徳判断の場合にも同様な傾向がみられます（東, 1994）。「Aさん（学生）が先生にケガを負わせた」との事実について善悪を判断する上で，どのような情報が必要かを情報リストから選択させたところ，選択した情報の内容が日米で異なりました（図C）。

　この研究では，善悪の判断をする上で必要な情報として挙げたリストの中から，「重要だ」と思うものを3つ選んでもらう方法をとっています（図Cの横軸は，その情報がどのくらいの人から選ばれたかのパーセンテージになっています）。これを，すべての情報について，善悪の判断をする上で「どのくらい重要か」を評定してもらう方法にすることもできます。そうすれば，情報ごとに「重要度」の平均によって日米の比較をすることができます。この方法の方が，図Cのような選択比率（％）よりも，より詳しいことが分かると思います。

　さて，図Cより，アメリカの学生は，年齢や被害の程度など，客観的な情報を判断に必要な情報として重視しますが，日本の学生はその行為をした時の気持や，（した後の）今の気持などを知りたい情報として多く求めていることが分かります。「ケガをさせた」ということはたしかに悪い，しかし「悪気はなかった」かもしれないし同情できる事情があるのではと，やむにやまれぬ事情に配慮しようとするのです。相互に密接につながっている人間関係を，原理原則でばっさり切り捨て壊してしまわないようにと配慮し，そのためにその行為の背景や状況を勘案することが大事になるのです。欧米の普遍的な原則による善悪判断に比べ，日本の判断は状況依存的だといえるでしょう。これも，自分と他者／集団との関係のとり方──相互独立的か／相互依存的か──を基盤にした行動の相違です。

文献

安藤清志（1994）．見せる自分／見せない自分——自己呈示の社会心理学　サイエンス社．

東　洋（1994）．日本人の教育としつけ——発達の日米比較にもとづいて　東京大学出版会．

今井康夫（1990）．アメリカ人と日本人——教科書が語る「強い個人」と「やさしい一員」　創流出版．

今道友信（1981）．東西の哲学　TBS ブリタニカ．

Kitayama, S. *et al.* (2003). Perceiving an object and its context in different cultures：A cultural look at new look.　*Psychological Science*, **14** (**3**), 201-206.

Markus, H. & Kitayama, S. (1991). Culture and the self：Implications for cognition emotion and motivation. *Psychological Review*, **93**, 224-253.

齋藤　勇（2006）．日本人の自己呈示の社会心理学的研究——ホンネとタテマエの実証的研究　誠信書房．

第5章
関係をみる

様々な関係

　第4章では，平均の比較について説明しました。例えば，2つの小学校における計算テストの平均の差についての検討は，t検定によって行いましたね。このことはいいかえると，小学校という変数と計算テストという変数，2つの変数の関係をみているということにもなります。

　「関係」には，いろいろな種類があります。「親の養育態度と子どもの性格」について研究する場合であれば，「親の養育態度」と「子どもの性格」という2つの変数の関係についてみていることになります。この場合，仮に親の養育態度を「愛情型」「厳格型」「放任型」の3つ，子どもの性格についても「温厚型」「激情型」「活発型」の3つに分類したとします（これは学術的なものではなく，便宜的な分類です）。そうしますと，この研究では，例えば表5-1のような表を作成して2つの変数の関係をみることになるでしょう。つまり，愛情型に分類された親では子どもが温厚型に分類されたケースが何人いて……という具合に，表にするのです。この場合，2つの変数とも各々「3つの型」に分類していますので，（型という）質的変数どうしの関係をみていることになります。

　一方，同じ「親の養育態度と子どもの性格」というテーマでも，表5-1とは異なる方法で検討する場合もあります。親の養育態度について，愛情の強さを質問紙尺度で測定し○点と数値にし，同じように，厳格の強さ，放任の強さについてもそれぞれ質問紙に答えてもらい数値にします（すべての親が3つの得点を持つことになります）。子どもの性格についても同様に質問紙尺度で測定して，温厚得点，激情得点，活発得点と数値化します（子どもの年齢によっては，質問紙ではなく，観察などによって数値化する場合もあるでしょう）。このようにして，「親の愛情得点が高ければ高いほど，子どもの温厚得点が高くなるだろうか」といったことを確かめるわけですが，ここでは（得点という）量的変数どうしの関係についてみることになります。この場合，表5-1のような「人数」ではなく，一般には「相関係数」という値を用いて関係の強さを表します（表5-2）。

　さらに，別の形で「親の養育態度と子どもの性格」について検討する場合もあるでしょう。親の養育態度の方は質的変数で，子どもの性格の方は量的変数

114

第 5 章 関係をみる

表 5-1 親の養育態度と子どもの性格の関係 (質的変数と質的変数)

親の養育態度 ＼ 子どもの性格	温厚型	激情型	活発型
愛情型	○人	○人	○人
厳格型	○人	○人	○人
放任型	○人	○人	○人

表 5-2 親の養育態度と子どもの性格の関係 (量的変数と量的変数)

親の養育態度 ＼ 子どもの性格	温厚得点	激情得点	活発得点
愛情得点	相関係数 = ○	相関係数 = ○	相関係数 = ○
厳格得点	相関係数 = ○	相関係数 = ○	相関係数 = ○
放任得点	相関係数 = ○	相関係数 = ○	相関係数 = ○

である場合 (表 5-3),親を「愛情」「厳格」「放任」の 3 つのいずれかに分類し,子どもについては,「温厚」「激情」「活発」3 つの得点を算出します。つまり,質的変数と量的変数の関係についてみるわけです。実際の分析では,例えば表 5-3 でアミかけにした部分では,子どもの温厚得点を親の養育態度 3 つの間で比較する,つまり 3 つの平均を比較することになります (激情得点,活発得点についても同様です)。この検討は,第 4 章で説明したように分散分析によって行います。第 4 章では t 検定について説明しましたが,t 検定は 2 つの平均の比較に用いるものでした。表 5-3 の場合は平均が各々 3 つあります。こうした場合,分散分析によって平均の比較を行うのでしたね (第 4 章で「大学の違い」として A 大学・B 大学・C 大学を考えたのと同じように,この場合は「親の養育態度」として,愛情型・厳格型・放任型を考えることになります)。

また逆に,表 5-4 のように,親の養育態度の方を数値にして,子どもの性格を型に分類する場合もあるでしょう。この場合,親について,「愛情」「厳格」「放任」3 つの得点を算出し,子どもの方は「温厚」「激情」「活発」の 3 つのいずれかに分類します。つまり,量的変数と質的変数の関係についてみています。実際の分析では,例えば表 5-4 でアミかけにした部分では,親の愛情得点を子どもの性格の 3 種間で比較する,つまり,3 つの平均を分散分析に

115

表5-3 親の養育態度と子どもの性格の関係 (質的変数と量的変数)

親の養育態度＼子どもの性格	温厚得点	激情得点	活発得点
愛情型	○点	○点	○点
厳格型	○点	○点	○点
放任型	○点	○点	○点

表5-4 親の養育態度と子どもの性格の関係 (量的変数と質的変数)

親の養育態度＼子どもの性格	温厚型	激情型	活発型
愛情得点	○点	○点	○点
厳格得点	○点	○点	○点
放任得点	○点	○点	○点

よって検討することになります（厳格得点，放任得点についても同様です）。第4章で「大学の違い」としてA大学・B大学・C大学を考えたのと同じように，この場合は「子どもの性格」として，温厚型・激情型・活発型を考えることになりますね。

　このように，「関係の調べ方」には様々ありますが，本章では，まず最初に表5-1のタイプの関係，つまり質的変数と質的変数の関係についてみていきます。次に後半で表5-2のタイプの関係，つまり量的変数と量的変数の関係についてみていきます。

　第4章で挙げた「2つの小学校で計算テストの得点の平均を比較する」という例の場合も，小学校という変数と，計算テストという変数，2つの変数の関係をみているということになります。「小学校の違い」という変数は，霞ヶ淵小学校・ひばり台小学校という2つの質的な値，すなわち質的変数です。一方，「計算テスト」という変数は，この人は何点，という数値で表される量的変数です。つまり，t検定では，質的変数と量的変数との関係についてみているともいえます。小学校が違うと，その学校の生徒たちの計算テスト得点はどのように違うか，という関係です。第4章のタイトルも「関係をみる」であるともいえますが，第4章の段階ではよりイメージのわきやすい「数値を比較する」

第5章　関係をみる

というタイトルにしました。

質的変数と質的変数の関係——クロス集計表

まず，質的変数と質的変数の関係についてみてみましょう。例として，2つの大学で，アルバイトをしているかどうかについて調査した場合を考えてみます。大学によって，アルバイトをする・しないに違いがあるかどうかを調べてみることにしましょう。

東方大学と山陰大学の2つの大学で，学生がアルバイトをしている・していないについて調査した結果が表5-5です（表中の数字は人数です）。ここで，「大学」という変数は，東方大学・山陰大学という2つの質的な値をとりますから，質的変数です。一方，アルバイトをしている・していない，はどうでしょう。こちらも質的変数です。その中身は，しているか・していないかという2つのカテゴリーに分類したものですので質的な値です。そこで，これら2つの変数にはどのような関係があるかみてみます。

「関係」について説明する前に，まずこの表自体について説明しておきます。表5-5のような表を**クロス集計表**といいます（表中アミかけの「説明欄」は説明のために設けたものですので，実際にクロス集計表を作成する際には不要です）。あるいは，単に**クロス表**とか**連関表**という場合もあります。**連関**という言葉は「関連」と同じ意味ですが，質的変数どうしの関係を指す際に一般的に用いられます（表5-2で説明したような量的変数どうしの関係は**相関**といいます）。また，表5-5は**2×2クロス表**とも呼ばれます。どちらの変数も2つの値をとっているからです。大学が「東方大学」「山陰大学」の2，アルバイトが「している」「していない」の2で，2×2ということです。さらに，表の中，10とか20とか記入されているそれぞれのマス目のことを**セル**といいます。

セルの中の10，20，20，40という数字のことを**観測度数**といいます（実際に観測された度数ということです）。端にある30，60という数字，これは度数を合計したものですが，端っこ（周辺）にある度数ということで**周辺度数**といいます。加えて，90という全体の人数のことを**総度数**といいます。なお，表によっては，セルに度数ではなくパーセントが入ることもあります。

117

表5-5　東方大学と山陰大学のアルバイト状況

	アルバイトを している学生	アルバイトを していない学生	合計	説明欄
東方大学 山陰大学	10 20	20 40	30（周辺度数） 60（周辺度数）	3人に1人アルバイト 3人に1人アルバイト
合計	30（周辺度数）	60（周辺度数）	90（総度数）	3人に1人アルバイト

　さて，表5-5ですが，2つの変数「大学」と「アルバイト」には連関があるといえるでしょうか，いえないでしょうか。「連関がある」とは，具体的にいえば，例えば「東方大学ではアルバイトをしている学生が多く，山陰大学では逆にアルバイトをしていない学生の方が多い」といった関係がある，ということです。結論からいいますと，表5-5の場合は連関があるとはいえません。なぜでしょうか。

　クロス集計表を，行方向（「横方向」）にみていきましょう。まず東方大学ですが，30人中アルバイトをしているのは10人です。つまり，3人に1人アルバイトをしていることになりますね。次の行，山陰大学ですが，こちらは60人中アルバイトをしているのは20人です。つまり，ここでも3人に1人アルバイトをしています。最後の行は，東方大学と山陰大学をまとめた全体ですが，90人中アルバイトをしているのは30人です。つまり，全体をみても3人に1人アルバイトをしていることになります。

　以上から分かるように，どの行をみても「3人に1人アルバイトをしている」という割合です。2つの大学ともアルバイトをしている人としていない人の割合は同じなので，「大学とアルバイトとは関係がない」ということになります。2つの変数に「連関がある」ということは，例えば「こちらの大学ではアルバイトをしている人が多いけれど，あちらの大学ではしていない人の方が多い」という場合です。今の例では，東方大学でも3人に1人，山陰大学でも3人に1人で，どちらをみても割合は同じなので連関はありません。このことは，いいかえると次のようなことになります。仮に2つの大学の学生がひとところにごちゃまぜにいたとしましょう。その中のある1人を呼んできて大学名を聞いてみると，その人が東方大学の学生であることが分かったとします。でも，そ

118

第5章 関係をみる

の人がアルバイトをしているかしていないか，高い確率でいい当てることなど
できません。なぜなら，どちらの大学も3人に1人という同じ割合だからです。
この場合のように，その学生がどちらの大学であるか分かっても，その人がア
ルバイトをしているかどうか予測することができない，これが「2つの変数に
連関がない」ということの意味です。東方大学では10人中9人もがアルバイ
トをしているのに，山陰大学では10人中1人しかアルバイトをしていない場
合には，呼んできた学生がどちらの大学であるか分かれば，アルバイトをして
いるかどうか，だいたい見当をつけることができるでしょう。これが「連関あ
り」の場合です。表5-5の場合は，大学の違いは，アルバイトをしているか
していないかということについて，何ら有用な情報をもたらさないといえます。

　これだけでは分かりにくいかもしれませんので，今度は「連関がある」ケー
スについてみてみましょう。2つのケースを比較することで，「連関あり・な
し」の意味が明確になるでしょう。

クロス集計表──連関がある場合

　表5-6は，文成大学と本郷大学の学生が，パソコンを持っているかいない
かについて調査した結果です（先ほどの表5-5と同じく，アミかけの「説明欄」は
実際には不要です）。この場合は「連関あり」です。なぜでしょうか。

　一見して，文成大学にはパソコンを持っている人が多いですが，本郷大学は
対照的に持っていない人の方が多いです。では，先ほどと同じように行ごとに
割合をみていくことにしましょう。まず文成大学です。10人中パソコンを持
っているのは9人です。ところが次の行，本郷大学は，10人中パソコンを持
っているのは1人だけです。2つの行，つまり文成大学と本郷大学とではパソ
コン所有率が大きく違っています。そして最後の行，2校を合計した全体でみ
ますと，20人中パソコンを持っているのは10人です。つまり，全体をみると
半々ということです。これは文成大学と本郷大学のどちらの傾向とも違います。

　この場合，2つの大学生がひとところにごちゃまぜにいたとしましょう。そ
の中のある1人を呼んできて大学名を聞いてみると，その人が文成大学の学生
であることが分かったとします。この時，その人はパソコンを持っていると予

119

表 5-6　文成大学と本郷大学のパソコン所有状況

	所有者	非所有者	合計	説明欄
文成大学	9	1	10	10人に9人所有
本郷大学	1	9	10	10人に1人所有
合計	10	10	20	20人に10人所有

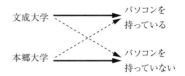

図 5-1　「連関あり」の場合の概念図
（表 5-6 のデータ）

測する方が妥当でしょう。なぜなら，文成大学では 10 人中 9 人までがパソコンを持っているのですから。逆に，その人が本郷大学の学生であることが分かったとしたら，その人はパソコンを持っていないと予測する方が妥当でしょう。このように，どちらの大学であるかが分かれば，その人がパソコンを持っているかいないか，ある程度予測することができるのです。これが「2 つの変数に連関がある」ということの意味です。大学の違いは，パソコンを持っているかどうかについて，有用な情報をもたらすのです。全体でみると，20 人中 10 人，つまり半々ですから，大学名が分からなければ，その人がパソコンを持っているかどうか当てる際には，コインを投げるのと同じように，でたらめに当てるしかなくなってしまいます。ですが，ひとたび大学名が分かれば，文成大学なら持っている確率が高い，本郷大学なら持っていない確率が高い，ということで，高い確率でいい当てることができます。

　これを図示しますと，図 5-1 のようになります。図中の実線の矢印は，そこに強い関係があることを，破線の矢印は，そこに弱い関係があることを示します。文成大学であればパソコンを持っており，本郷大学であればパソコンを持っていない傾向にある，ということは，大学という変数と，パソコンの所有という変数の間に，強い関係があることを意味します。

カイ 2 乗検定――統計ソフトの出力

　以上，クロス集計表をもとに連関のあるなしをみてみました。表の度数をみることにより，連関のあるなしについて説明してきたわけですが，これを統計的な視点から検討してみましょう。ここでも第 4 章と同じように統計的検定をすることができます。クロス集計表について行われる代表的な検定として，カ

第5章　関係をみる

イ2乗検定があります。

表5-7をみて下さい。先ほどの表5-5の数値を多少修正してあります。このデータについて，統計ソフトを用いてカイ2乗検定を行った結果を

表 5 - 7　東方大学と山陰大学のアルバイト状況

	アルバイトをしている学生	アルバイトをしていない学生	合計
東方大学	10	20	30
山陰大学	40	20	60
合計	50	40	90

示しましょう。まず SAS で計算した結果は以下のとおりです。univ というのが大学名（a が東方大学，b が山陰大学です），work というのが，アルバイトをしているかどうかの変数名です（job がアルバイトを「している」，nojob が「していない」です）。

FREQ プロシジャ

| 度数 |
| パーセント |
| 行のパーセント |
| 列のパーセント |

表：univ * work			
	work		
univ	job	nojob	合計
a	10	20	30
	11.11	22.22	33.33
	33.33	66.67	
	20.00	50.00	
b	40	20	60
	44.44	22.22	66.67
	66.67	33.33	
	80.00	50.00	
合計	50	40	90
	55.56	44.44	100.00

univ * work の統計量

統計量	自由度	値	p 値	
カイ2乗値	1	9.0000	0.0027	←ここに注目
尤度比カイ2乗値	1	9.0805	0.0026	
連続性補正カイ2乗値	1	7.7006	0.0055	
Mantel-Haenszel のカイ2乗値	1	8.9000	0.0029	
ファイ係数		− 0.3162		
一致係数		0.3015		
Cramer の V 統計量		− 0.3162		

121

Fisher の正確検定	
セル (1,1) 度数 (F)	10
左側 Pr ＜ = F	0.0027
右側 Pr ＞ = F	0.9994
表の確率 (P)	0.0021
両側 Pr ＜ = P	0.0035

標本サイズ = 90

となります。いろいろ出力されていますが，一番みていただきたいところは，太線で囲ってあるところです。値のところにある 9.0000 が**カイ 2 乗値**というものです。これは，カイ 2 乗検定の場合の検定統計量です（t 検定の場合の検定統計量は t 値でしたね）。p 値は 0.0027 ですから，第 4 章で説明したように，まず 5％（0.05）よりも小さく，さらに 1％（0.01）よりも小さいですね。したがって「1％水準で有意である」という結果になります。表 5 - 7 について大学とアルバイトの関係を統計的に検討すると，「大学」と「アルバイト」の間には連関がある，ということが分かったということです。

　第 4 章の復習も兼ねて，p 値の意味するところを説明しますと，この場合，「もし母集団に連関がないとしたら（＝帰無仮説が正しいとしたら），カイ 2 乗値がデータから計算された 9 という値以上になる確率は 0.27％（しかない）です」ということです。0.27％はとても低い確率です。このように低い確率のことが生じたということは，帰無仮説がおかしかったのだろうと推論します。したがって，帰無仮説「連関がない」を棄却し，対立仮説「連関がある」を採択するということになります。これが「有意である」ということの意味でしたね。t 検定の場合の帰無仮説は「差がない」というものでした。同様に，カイ 2 乗検定の場合の帰無仮説は「連関がない」になります。これについては，すぐ後に手計算の過程を示しますが，そこで明確になると思います。

　ちなみに，以上の出力を得るための SAS のプログラムは以下のようになります。参考までに挙げておきます。

```
data renkan;
input univ $ work $ number;
cards;
```

第 5 章　関係をみる

表 5-8　大学とアルバイト状況の関係（SPSS）

処理したケースの要約

	ケース					
	有効数		欠損		合計	
	N	パーセント	N	パーセント	N	パーセント
大学＊アルバイト	90	100.0%	0	.0%	90	100.0%

大学とアルバイトのクロス表

度数

		アルバイト		合計
		している	していない	
大学	東方大学	10	20	30
	山陰大学	40	20	60
合計		50	40	90

カイ 2 乗検定

	値	自由度	漸近有意確率 （両側）	正確有意確率 （両側）	正確有意確率 （片側）
Pearson のカイ 2 乗	9.000[b]	1	.003		
連続修正[a]	7.701	1	.006		
尤度比	9.081	1	.003		
Fisher の直接法				.004	.003
線型と線型による連関	8.900	1	.003		
有効なケースの数	90				

a. 2 × 2 表に対してのみ計算.

b. 0 セル（.0%）は期待度数が 5 未満です. 最小期待度数は 13.33 です.

```
a job 10
b job 40
a nojob 20
b nojob 20
;
proc freq;
tables univ * work/chisq;
weight number;
run;
```

表 5-8 に SPSS の結果も示しましょう。SAS の場合と同じく，カイ 2 乗値

123

が9，p値が0.003という結果になることが分かります（SASの場合，p値は0.0027でしたが，これはほぼ0.003ですね）。

また，Rのプログラムと出力についても掲載しますが，SASやSPSSと同じ値であることが分かります。

```
> アルバイト状況<-matrix(c(10,40,20,20),2,2)
> rownames(アルバイト状況)<-c("東方大学","山陰大学")
> colnames(アルバイト状況)<-c("している","していない")
> names(dimnames(アルバイト状況))<-c("大学","アルバイト")
> アルバイト状況
     アルバイト
大学       している   していない
東方大学      10         20
山陰大学      40         20
> chisq.test(アルバイト状況,correct=FALSE)

     Pearson's Chi-squared test
data: アルバイト状況
X-squared=9, df=1, p-value=0.0027
```

カイ2乗検定——手計算では

第4章のt検定では，検定統計量tの計算結果はすべてコンピュータ任せでしたが，カイ2乗値は初学者でも手計算が可能です（もちろんt値も手計算は可能ですが，式が複雑になります）。手計算を行う過程で，帰無仮説の意味が明確になりますので，順を追ってゆっくり説明していきたいと思います。SASやSPSSに計算させると，カイ2乗値が9になることが分かりました。この「9」という値を手計算で出してみましょう。表5-7をもう一度みて下さい。

表5-7の観測度数ですが，もし大学とアルバイトの間に連関がなかったとしたらどうなるでしょうか。連関がない場合の表5-5を思い出して下さい。行ごとにみていくと，どの行においても割合が同じでしたね。このように，カイ2乗検定は，まず「もし連関がないならば」と考えることから出発します。これは，第4章で説明した帰無仮説です。

表5-5をもう一度みてみましょう。連関がない場合，アルバイトをしてい

第5章 関係をみる

る割合は，東方，山陰，全体の順に，$\dfrac{10}{30}$，$\dfrac{20}{60}$，$\dfrac{30}{90}$ であり，全部等しいですね。同じように，表5-7のデータについて，連関がない場合を想定してみましょう。もし連関がないならば，度数はどうなるでしょうか（表5-9：これから a, b, c, d の値を求めていきます）。

連関がなければ，東方，山陰ともに，アルバイトをしている割合は，全体の割合に等しくなるはずです。つまり $\dfrac{50}{90}$ です。具体的に書きますと，

$$東方：山陰：全体 = \frac{a}{30} = \frac{c}{60} = \frac{50}{90}$$

で全部等しくなるはずです。まず a を求めてみましょう。

$$a = 30 \text{人} \times \frac{50}{90} = 約 17 \text{人}$$

となります。東方大学について，全体の割合と同じように，周辺度数30人を50：40に分配しているのです。ここで計算された17人は，「もし連関がないとすれば，この a のセルは17になることが期待される」ということです。このように，「連関がない」という帰無仮説のもとで期待される度数のことを**期待度数**といいます。

ほかの期待度数 b, c, d についても計算してみましょう。

$$b = 30 \text{人} \times \frac{40}{90} = 約 13 \text{人}$$

$$c = 60 \text{人} \times \frac{50}{90} = 約 33 \text{人}$$

$$d = 60 \text{人} \times \frac{40}{90} = 約 27 \text{人}$$

となります。これら期待度数を表に入れてみましょう（表5-10）。

大学とアルバイトに連関がないとするなら，表5-10のようになるということです。本当に連関がないのでしょうか。行ごとに割合をみればすぐに分かり

125

表5-9 期待度数を求めるには？

	アルバイトを している学生	アルバイトを していない学生	合計
東方大学 山陰大学	a c	b d	30 60
合計	50	40	90

表5-10 算出された期待度数

	アルバイトを している学生	アルバイトを していない学生	合計
東方大学 山陰大学	17 33	13 27	30 60
合計	50	40	90

ます。東方大学は30人中17人，山陰大学は60人中33人，全体では90人中50人，これら3つはどれも約0.55で等しくなっています。

　さて，次にすべきことは，この期待度数と観測度数の間にどの程度へだたりがあるかを調べることです。「連関がないとすればこうなる」という期待度数と，「実際はこうだった」という観測度数の間にへだたり（つまり「差」ということです）があればあるほど，2つの変数の間に連関があるとみなせます。では，セルごとにへだたり（差）を計算しましょう（表5-11）。

　差は，7のセルが2つ，-7のセルが2つになりました。それでは，この表全体として，差の大きさがどのくらいあるか，計算してみましょう。先ほどのa, b, c, dの順に足していきますと，

$$-7 + 7 + 7 + (-7) = 0$$

　差の合計がゼロになってしまいました。これは，散布度の説明でもあったように，プラス・マイナスが打ち消しあっているためです。そこで，各セルごとに2乗することで打ち消しあいを防ぎ，期待度数を単位にへだたり具合をみてみましょう。各セルとも$7^2 = 49$について，それぞれのセルの期待度数で割り算してから，4つを合計するのです。実際にやってみましょう（表5-12）。

$$2.88 + 3.77 + 1.48 + 1.81 = 9.94$$

　これが**カイ2乗値**です。先ほどのSAS，SPSSの結果ではカイ2乗値は9で

126

第 5 章　関係をみる

表 5-11　観測度数と期待度数の差

	アルバイトをしている学生	アルバイトをしていない学生
東方大学	$10 - 17 = -7$	$20 - 13 = 7$
山陰大学	$40 - 33 = 7$	$20 - 27 = -7$

表 5-12　期待度数を単位に

	アルバイトをしている学生	アルバイトをしていない学生
東方大学	$49 ÷ 17 =$ 約 2.88	$49 ÷ 13 =$ 約 3.77
山陰大学	$49 ÷ 33 =$ 約 1.48	$49 ÷ 27 =$ 約 1.81

した。手計算で出した 9.94 とは若干の開きがありますが、これは計算過程で四捨五入したことによるもので、正確には 9 になるということです。

　なお、これまで 2 × 2 クロス表についてみてみました。しかしクロス集計表は何も 2 × 2 に限らず、1 × 4 とか、3 × 2 とか、4 × 4 とかいろいろなパターンがありえます（本章の冒頭では、「親の養育態度と子どもの性格」の例で 3 × 3 について示しましたね）。それらについても、2 × 2 の場合とまったく同じように、期待度数を出して……と前記と同じ計算過程を経て、カイ 2 乗値を算出することができます。もちろん、統計ソフトを用いても同様です。

量的変数と量的変数の関係

　本章の冒頭で、「関係」には様々な種類があることを述べました。これまで説明してきた質的変数と質的変数の関係以外にも、量的変数と量的変数の関係があります。例えば、体重と身長との関係です。「体重」という変数は量的変数です。また「身長」という変数も量的変数です。一般に、身長が高ければ体重が重い傾向にありますから、この 2 つの量的変数の間には、片方が大きくなればもう片方も大きくなる、いいかえれば、片方が小さくなればもう片方も小さくなる、という関係があると考えられます。心理学的な例ですと、例えば「学習時間」と「テスト得点」との関係があります。この場合、学習時間は量的変数ですし、テスト得点も量的変数です。一般に、勉強すればするほどテスト得点も高くなると推測されますから、この 2 変数においても、片方が大きく

127

表5-13 身長と体重のデータ

名前	身長（cm）	体重（kg）
友博君	150	50
達夫君	160	80
五郎君	170	60
弘君	180	80
修次君	190	90
平均	170	72
標準偏差	14.14	14.70

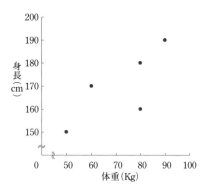

図5-2 身長と体重のデータの散布図

なればもう片方も大きくなる，いいかえれば，片方が小さくなればもう片方も小さくなる，という関係があると考えられます。

このような2つの量的変数の関係を視覚的に把握するためには，第2章で説明した散布図が役に立ちます。2つの量的変数の関係は，散布図により視覚的に把握し，**相関係数**という値に集約します。

それでは，さっそくデータを呈示しましょう。表5-13のデータをみて下さい。データをみますと，身長が一番低い友博君は体重も一番軽く，身長の一番高い修次くんは体重も一番重い，という具合に，身長が高くなればなるほど体重も重くなっています（表5-13には身長・体重それぞれの平均と標準偏差も示しておきます。これらは後で述べる相関係数の算出に必要なものです）。

この表のデータを散布図にすると図5-2のようになります。この場合5人だけですので，散布図を作成するメリットはあまりありませんが，右上がりの傾向がみてとれますね。

図5-2の様子を，ひとつの値として数値で要約して示したものが**相関係数**です。ヒストグラムの様子を数値要約したものは，代表値・散布度でした（第3章）。それと同じように，散布図の様子をひとつの値，相関係数に要約するのです。なお，一般に「相関係数」といった場合には**ピアソン（Pearson）の積率相関係数**のことを指します。実は，相関係数にはいくつかの種類があるのですが，本書では以下「ピアソンの積率相関係数」について説明していきます。

第5章 関係をみる

ピアソンの積率相関係数は，相関係数の中で最も頻繁に使われているからです。

まず，例として以下に5つの散布図を挙げます（図5-3～図5-7：図2-15～図2-19の再掲）。この5つの散布図は，2つの変数間の関係がそれぞれ異なっています。図番号の右隣に，例えば「右上がり」というように，その散布図における点の分布の傾向を記してあります。

いろいろな散布図

5つの散布図それぞれについて相関係数を計算したものが，各図の下に（r＝＊＊＊）と書いた値です。「r」とは相関係数を意味する記号です。図5-5のように散布図がまんまる，すなわち2つの変数の間に関係がみられない場合には，ほとんどゼロになっています。同様に，図5-6・図5-7のような場合も，相関係数の値はほとんどゼロになってしまいます。この場合，「相関はない」けれども「関係がない」わけではありません。図5-6・図5-7には，順にU字型，逆U字型という関係があります。図5-6のようになるケースとしては，横軸に体を動かす程度，縦軸に疲労感をとった場合が考えられるでしょう。適度に体を動かすことにより疲労感は少なくなると思いますが，体を動かしすぎると今度は疲労感が高まってしまうと思います。また，図5-6で横軸に勉強時間，縦軸に試験におけるケアレスミスの量をとったとしましょう。勉強時間があるところまで増えれば，その効果があってケアレスミスは減るでしょうが，勉強しすぎるとそれに伴って必然的に睡眠時間が減少し，逆にケアレスミスが増大することも考えられます。このように，2つの変数間の関係が図5-6のようなU字型の曲線になる可能性は現実にあります。一方，図5-7のようになるケースとしては，横軸に親のしつけの厳しさ，縦軸に子どもの学業成績をとった場合が考えられるでしょう。親のしつけがある程度厳しいと，それに伴い子どもの学業成績が上昇することが考えられますが，あまりに厳しすぎると子どもはつぶれてしまったり，反発して勉強しなくなったりして学業成績は低下してしまうかもしれません。これら図5-6・図5-7のような曲線的関係は，相関係数では捉えることができないので注意が必要です。つまり，散布図を描かずにいきなり相関係数を計算してほとんどゼロだったから「関係なし」とす

129

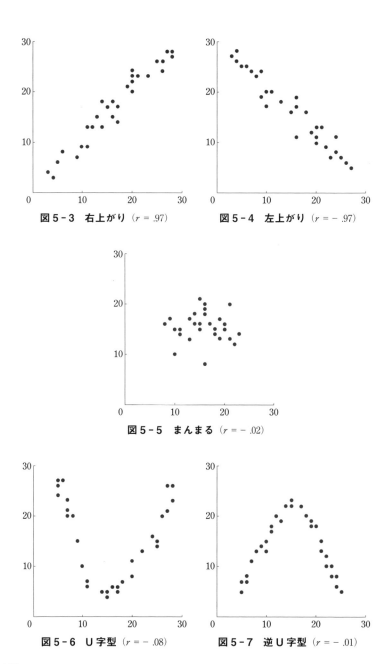

図 5-3 右上がり ($r = .97$)

図 5-4 左上がり ($r = -.97$)

図 5-5 まんまる ($r = -.02$)

図 5-6 U 字型 ($r = -.08$)

図 5-7 逆 U 字型 ($r = -.01$)

第5章　関係をみる

るのは、早合点の可能性があるということです。相関係数には反映されない別の関係があるかもしれません。先ほどの「勉強時間とケアレスミスの量」の例で、相関係数の値がほとんどゼロであることを根拠にして、「勉強時間とケアレスミスの量にはまったく関係がない」と主張するのは間違っていますね。（直線的な）相関はありませんが、関係はあります。

　さて、図5-3のような右上がり（左下がり）の散布図では、相関係数の値はプラスの値になり、図5-4のような左上がり（右下がり）の散布図では、相関係数の値はマイナスの値になります。相関係数は、最大で1、最小で-1で、+1～-1の範囲内の値をとります。$r = 1$ということは、すべてのデータが右上がりの一直線上に乗ってしまう、つまり片方の値が決まればもう片方がひとつの値に決まる関係ということです。$r = -1$ということは、すべてのデータが右下がりの一直線上に乗ってしまう、つまり同様に、片方の値が決まればもう片方がひとつの値に決まる関係ということです。

　心理学では、このように相関係数が1とか-1になることはまずありません。片方の変数の値が決まればもう片方の変数の値がひとつに決まってしまうようなことは、通常考えられません。例えば、学習時間がx時間ならテスト得点は絶対にy点に決まる、というようなことはないでしょう。学習時間が多ければ多いだけテスト得点が高くなる、ということは全般的傾向としてはあるでしょうが、同じ時間だけ勉強しても実際のテスト得点は人により様々であるのが普通です。それは、テスト得点というものが勉強時間以外のものにも影響を受けるからです（例えば、その人の性格、テスト時の体調、など）。このように、心理学で扱うデータからは、一対一対応の「絶対的関係」が得られることはまずなく、ゆるやかな関係が見出されます。そのゆるやかさの程度が様々で、程度を示す指標が相関係数ということです。散布図が直線に近くなればなるほど相関係数は1あるいは-1に近くなり、まんまるに近ければ近いほど0に近くなります。

相関係数──統計ソフトの出力

　表5-13のデータについて、統計ソフトで相関係数を求めた結果を示します。まずSASで計算した結果は以下のとおりです。

CORR プロシジャ

2 変数： | height weight |

単純統計量

変数	N	平均	標準偏差	合計	最小値	最大値
height	5	170.00000	15.81139	850.00000	150.00000	190.00000
weight	5	72.00000	16.43168	360.00000	50.00000	90.00000

Pearson の相関係数, N = 5
H0: Rho=0 に対する Prob > | r |

	height	weight
height	1.00000	0.76980
		0.1279
weight	0.76980	1.00000
	0.1279	

←ここに注目

　以上が，身長（height）と体重（weight）の相関係数を算出した結果です。相関係数の値は太線で囲ったところの上段の数字です。すなわち $r = 0.76980$ です。こういう場合，論文などでは $r = .77$ というように，四捨五入し，また一の位の 0 を省略して書くことが多いです。それでは下段の数字は何でしょうか。これは p 値です。この場合 p 値は 0.1279 です。この p 値の意味するところは，「もし母集団において相関係数が 0 だったとしたら（＝帰無仮説が正しいとしたら），データから計算された相関係数の値 0.76980 よりも大きい値になる確率は 12.79％です」ということです。12.79％（0.1279）は 5％（0.05）よりも大きいです。したがって，相関係数は有意ではない，ということになります。12.79％はそれほど低い確率ではありません。ですから，帰無仮説がおかしいのでは，と疑う理由はないので，そのまま帰無仮説で OK，ということになるのです。

　太線で囲ったところの数字とまったく同じものが，その左下にもあります。どちらをみても構いません。なぜなら，身長と体重の相関係数は，体重と身長の相関係数と同じだからです（当然のことですが）。また，相関係数が 1 となっているところが 2 箇所ありますが，これらはそれぞれ，身長と身長の相関係数，体重と体重の相関係数です。同じものどうしの相関ですから，これまた当然のことですが相関係数は 1 となります。念のため，以上の出力を得るための SAS のプログラムは以下のようになります。

第5章　関係をみる

```
data soukan;
input height weight;
cards;
150 50
160 80
170 60
180 80
190 90
;
proc corr;
var height weight;
run;
```

表5-14　身長と体重の相関係数（SPSS）

		身長	体重
身長	Pearson の相関係数	1	.770
	有意確率（両側）	.	.128
	N	5	5
体重	Pearson の相関係数	.770	1
	有意確率（両側）	.128	.
	N	5	5

　また，SPSS で計算した結果は表5-14のようになります。SAS の場合とまったく同じ値であることがみてとれます。

　R も，以下のようにまったく同じ値ですね。

```
> 身長<-c(150,160,170,180,190)
> 体重<-c(50,80,60,80,90)
> cor.test(身長,体重)

    Pearson's product-moment correlation
data: 身長 and 体重
t=2.0889, df=3, p-value=0.1279
alternative  hypothesis: true correlation is not equal to 0
95 percent confidence interval:
   -0.3505461   0.9838597
sample estimates:
      cor
0.7698004
```

相関係数——手計算では

　次に，表5-13のデータについて，手計算で相関係数を出してみましょう。SAS や SPSS，R と同じ値をどのようにして導くのでしょうか。

　まず**共分散**というものを求めます。共分散は，相関係数と同様，相関関係の程度を示す指標です。共分散は以下のように計算します。

$$\{(150-170)\times(50-72)+(160-170)\times(80-72)+(170-170)\times(60-72)$$

友博君　　　　　　　　達夫君　　　　　　　五郎君

$$+(180-170)\times(80-72)+(190-170)\times(90-72)\}\div5=160$$

弘君　　　　　　　　修次君

まず各人について，第1の変数（「身長」）からその変数の平均を引いたものと，第2の変数（「体重」）からその変数の平均を引いたものを掛け合わせ，それらにつきすべての人の分を足して，最後に人数（5）で割る，ということです。

相関係数は，この共分散を，標準偏差の積で割ったものです。すなわち，

$$160\div(14.14\times14.70)＝約\ 0.77$$

SAS や SPSS，R と同じ値になりましたね。

先ほど，「共分散は，相関係数同様，相関関係の程度を示す指標です」と述べました。それでは，なぜ共分散のままではだめなのでしょうか。なぜ標準偏差の積で割らなくてはいけないのでしょうか。それは，共分散は，測定単位の影響を受けてしまうという問題点があるからです。例を挙げましょう。身長は m で表すこともあれば，cm で表すこともあります。ここで，表5-13のデータについて，表5-15のように身長の単位を m にしてみましょう（体重の単位はそのままにしておきます）。当然のことながら，単位を変えただけですから，身長と体重の関係の強さについては変わらないはずですね。

表5-15のデータについて，共分散を求めてみましょう。

$$\{(1.5-1.7)\times(50-72)+(1.6-1.7)\times(80-72)+(1.7-1.7)\times(60-72)$$

友博君　　　　　　　　達夫君　　　　　　　五郎君

$$+(1.8-1.7)\times(80-72)+(1.9-1.7)\times(90-72)\}\div5=1.6$$

弘君　　　　　　　　修次君

共分散は 1.6 になりました。先ほどは 160 でしたね。同じデータなのに単位を変えただけで，関係の強さが変わってしまうのは問題です。そこで，共分散

を標準偏差の積で割るのです。

$$1.6 \div (0.14 \times 14.70) = 約 0.77$$

と，相関係数にすれば，cm の場合と同じ
値になります。このように，共分散は測定
単位の影響を受けてしまいますが，相関係
数にはそれがない，ということがお分かり
でしょう。

表 5 - 15　身長 (m) と体重のデータ

名前	身長（m）	体重（kg）
友博君	1.5	50
達夫君	1.6	80
五郎君	1.7	60
弘君	1.8	80
修次君	1.9	90
平均	1.7	72
標準偏差	0.14	14.70

　最後に，相関係数の値がどの程度であれば「関係が強い」あるいは「関係が
弱い」とみなすのか，という点について述べておきましょう。論文を書く時，
どのような基準で，「弱い相関」があった，とか「強い相関」があった，とか
いうのでしょうか。厳密な基準はないですが，一般には以下のようにいうこと
が多いようです。

.0 ≦ 相関係数の絶対値 ≦ .2	→	ほとんど相関なし
.2 ≦ 相関係数の絶対値 ≦ .4	→	弱い相関
.4 ≦ 相関係数の絶対値 ≦ .7	→	中程度の相関
.7 ≦ 相関係数の絶対値 ≦ 1.0	→	強い相関

　この「基準」にしたがえば，今みた身長と体重の相関係数 0.77 は「強い相
関」ということになります。上記の「中程度の相関」は，本によっては「比較
的強い相関」と書かれている場合もあります。いずれにしても，厳密な基準と
いうわけではありません。研究分野，扱う変数，などによって，柔軟に判断す
べきものでしょう。

　なお，なぜ共分散が関連の強さを表すのか，相関係数を解釈する上での注意
事項などについては，巻末の「読書案内」に挙げた本などをご覧下さい。

統計的検定の留意点──サンプルサイズについて

　第 4 章，第 5 章と，統計的検定についていくつかの種類を挙げて説明してき
ました。それらに共通する留意点を，以下に 3 点，述べておきたいと思います。

まず第1の留意点，これはよく知られたことなのですが，統計的検定には，サンプルサイズが大きければ大きいほど有意になりやすいという性質があります。相関係数の例ですと，「たった」5人ですので，0.77という値は有意にならなかったといえます。もし，同じ0.77という値であっても，仮にサンプルサイズが7人であれば5％水準で有意になります。サンプルサイズが大きくなれば有意になりやすいということは，何も相関係数に限りません。統計的検定すべてにいえます。カイ2乗検定ではどうでしょう。

　表5-16で，カイ2乗値を計算してみますと，約2.22になり，5％水準では有意になりません。たしかに，表中の度数をみますと，東方大学でも山陰大学でも，ほぼ2人に1人がアルバイトをしているわけで，連関はないと結論づけるのが妥当でしょう。それでは，この関係をそのまま保って，度数を増やしてみましょう。つまり，サンプルサイズを大きくしてみます。

　表5-17は，表5-16の度数をすべて一律に10倍したものです。一律に10倍したのですから，東方大学でも山陰大学でも，ほぼ2人に1人がアルバイトをしている，という状況は変わりません。つまり，大学とアルバイトには連関はないわけです。ところが，表5-17についてカイ2乗値を計算してみますと約22.22になり，5％水準どころか，1％水準でも有意になってしまいます。

　東方大学でも山陰大学でも，ほぼ2人に1人がアルバイトをしているわけですから，「連関なし」とするのが自然でしょう。にもかかわらず，表5-17のように比較的大規模な調査を実施すれば，有意になるのです。連関の強さとしてはまったく変わらないのに，かたや有意になり，かたや有意にならないのです。心理学では一般に，有意な結果が出ると「○○と××に関係があった」といった「肯定的な」結論を出します。つまり，有意か否かという点に非常に大きなウエイトを置いています。その有意か否かを左右する大きな要因のひとつがサンプルサイズなのです。そうだとすれば，研究実施に先立って，何らかの方法で「サンプルサイズはこれくらい」と当たりをつけた上でデータ収集をするのが妥当でしょう。しかし，調査研究でも実験研究でも，論文中に「これこれの理由で，サンプルサイズはこれくらいが妥当であると判断し，それに見合うデータ収集をし」などといった記述のあるものは，ほとんど見当たりません。

136

第5章 関係をみる

表5-16 東方大学と山陰大学の
アルバイト状況 (1)

	アルバイトを している学生	アルバイトを していない学生	合計
東方大学	50	40	90
山陰大学	40	50	90
合計	90	90	180

表5-17 東方大学と山陰大学の
アルバイト状況 (2)

	アルバイトを している学生	アルバイトを していない学生	合計
東方大学	500	400	900
山陰大学	400	500	900
合計	900	900	1800

　こうした現状はおかしいことだと思いませんか。例えば，卒業研究で，友達が多くて質問紙をたくさん回収できる人が有意な結果を得，友達が少なく質問紙をあまり回収できない人が有意でない結果になる。両者の研究では，関係の強さそのものは同じであるにもかかわらず，結論が異なってくる……。では，どうすればよいのでしょうか。これについては**検定力分析**といった方法があります。簡単に説明してみましょう。

　例えば，相関係数を算出する研究において，検定力分析を用いてサンプルサイズを事前に決定したいというケースを考えましょう。まず，先行研究などから「相関係数の値はだいたいこれくらいの値を検出したいな」と，検出したい相関係数の値を設定します。さらに，有意な相関係数を得る確率（これを**検定力**といいます）についても設定します。例として，相関係数0.2を，50％の確率(0.5)で検出したいと考えたとします。この場合に，必要なサンプルサイズは100になります。ということが，専用のソフトウェアを使うことで，あるいはすでに用意された表を利用することで分かるのです。データ収集前に，こういう「サンプルサイズの目安」を得ておけば，データを集める際便利ですよね。もちろん，検定力分析は，相関係数以外にも用いることができます。例えば t 検定の場合でも，まったく同じようにして必要なサンプルサイズを計算することができます。多くの研究には先行研究がありますから，先行研究を参考に「これくらいの差」を「これくらいの確率」で検出したいと考えることで，必要なサンプルサイズを導けるということです。

　「統計的検定には，サンプルサイズが大きければ大きいほど有意になりやすいという性質がある」というのは，よく知られていることなのですが，そのわ

137

りには何らかの手段を講じようとする人がなかなかいないのが現状です。以上簡単に紹介した検定力分析は有用だと思います。詳しいことをお知りになりたい方は，他書をご覧下さい（村井潤一郎・橋本貴充（2017）『心理学のためのサンプルサイズ設計入門』講談社）。

統計的検定の留意点――有意水準について

第2の留意点は，有意水準についてです。有意水準である「5％」「1％」はしばしば出てきますので，何か絶対的根拠のある統一的な基準と思われるかもしれません。しかし，実はあくまで慣習であり，理論的根拠があるわけではないのです。というわけで，人によっては，p 値そのものを記載すべきだと主張する人もいます。それでは，5％というのがまったく根拠のない値なのかといえば，必ずしもそうではありません。ある程度の「根拠」があるので，基準としてよく用いられているのです。

統計的検定の説明でよく出てくる例として，コイン投げがあります。コインを10回投げて，表の出る回数が1回，9回以上に偏って出る確率を計算すると2.2％になります。これは5％水準で有意ですね。それでは，表の出る回数が2回，8回以上に偏って出る確率はといえば11％になります。これは有意ではありません。直感的に考えますと，コインを10回投げて，表が1回しか出ないとか，表が9回も出るということは，たしかになさそうです。一方，表が2回，表が8回というのは，確率は低そうだけどないことはないのでは，というところではないでしょうか。2.2％と11％の中間くらいが5％です。その意味で，5％水準というのは人間の直感にある程度は沿っていると思われます。

さらに，ある2人がテニスの勝負をすることを考えてみましょう。片方が4連敗する確率は，仮に2人の実力が等しいならば（これが帰無仮説ですね），0.5の4乗，これは計算すると6.25％になります。5％に近いですね。さすがに4連敗もすれば実力は異なるのではと推論する，これもまた私たちの直感に近いのではないでしょうか。

以上のように，5％というのは私たちの直感におおむね沿うという意味で，研究者間でひとつの「基準」として広く用いられています。それぞれの研究者

第 5 章　関係をみる

が，勝手な基準で検定結果を記述していたのでは，収拾がつかなくなるでしょ
う。そこで，あくまで慣習ではあるけれど，有用な基準として 5%，1% が用
いられているということなのです。

統計的検定の留意点——有意とは

第 3 の留意点は，「5% 水準で有意であること」の意味についてです。「5% 水
準で有意であること」をどう解釈するか。「5% 水準で有意であること」は「帰
無仮説が正しい確率が 5% であること」ではありません。

本章のカイ 2 乗検定の部分で，カイ 2 乗値が 9 になった例について説明しま
しょう。p 値の意味するところは，「もし母集団に連関がないとしたら（＝帰無
仮説が正しいとしたら），カイ 2 乗値がデータから計算された 9 という値以上に
なる確率は 0.27%（しかない）です」でしたね。これは「帰無仮説が正しい時，
○○になる確率」ということです。「帰無仮説が正しいとき」という条件がつ
いた上での確率で，こういうものを**条件付き確率**といいます。記号ですと，

　　　P（　9 以上になる　|　帰無仮説が正しい　）

と書きます。P は probability の p で，確率ということです。「帰無仮説が正し
い時，9 以上になる確率」ということです（"|" の右側が条件になります）。あく
まで「9 以上になる確率」なので，「帰無仮説が正しい確率」ではありません。
統計的検定では，仮説が正しい確率については主張することができないのです。

仮に間違って「帰無仮説が正しい確率が……」というようなことをいってし
まったとしたら，この場合，

　　　P（　帰無仮説が正しい　|　9 以上になる　）

と逆を想定していることになります。

「たかが "|" の左右が違うだけではないか」と思われるかもしれませんが，
そうではありません。どちらが条件か，ということで，話は全然変わってきて

139

しまいます。例えば，ある女子大学を考えましょう。この大学を仮に「B女子大学」としておきます（B女子大学では，大学院のみ男女共学であるとしましょう）。さて，「世の中の女性をだれか1人連れてきた時，その人がB女子大学の学生である確率」はどのように表されるでしょうか。

P（　B女子大学の学生である　｜　女性である　）

ですね。この確率は極めて低いでしょう。連れてきた女性がたまたまB女子大学の学生である確率は当然低いです。

　それでは「B女子大学の学生を1人連れてきた時，その人が女性である確率」はどうでしょう。

P（　女性である　｜　B女子大学の学生である　）

ですね。この確率は極めて高いでしょう。B女子大学は女子大学なので，少数派の大学院生を連れてこない限り，男性であることはまずないからです。このように"｜"の左右が変わると，その意味するところは大きく変わってきます。統計的検定では，「帰無仮説が正しいときの○○の確率」を考えているのであって，逆ではないのです。このことに関連する記述は，石井秀宗（2005）（『統計分析のここが知りたい──保健・看護・心理・教育系研究のまとめ方』文光堂）にありますので，ご覧になって下さい。

　以上，2章続けて，心理学研究の多くに登場する統計的検定について説明しました。統計的検定は本書で説明した以外にもいろいろ種類があるのですが，基本的な流れはこれまでに説明したとおりです。

第 5 章 関係をみる

やる気の構造

——達成動機・意欲と文化・ジェンダー——

本章では，「関係をみる」ということについて話しました。ここで
は相関係数を用いた「やる気」の性質の研究例についてみていきます。

人を行動にかりたてるもの——社会的動機のいろいろ

　私たちは「——が欲しい！」とか「——をしたい！」という気持によくなります。そ
して，その気持を何とか実現しようと行動しています。このように人を行動へとかりた
てるものを「動機」といいます。動機には，食欲のように生存に不可欠な動機（一次的
欲求）のほか，人が社会生活を送る上で重要な二次的欲求があり，「社会的動機」とい
われます。初期の動機研究者マクドゥーガル（McDougall, W.）は，社会的動機として
達成，性，親和，権力の 4 種を挙げ，歴史を動かすほどのことはこのいずれかによると
述べています。歴史など大げさなことはともかく，これらの動機に基づく行動が，社会
や個人の生活をより充実し満足できるものとしていることはたしかでしょう。

達成動機とその測定——「やる気」の個人差

　「達成動機」は社会的動機の代表的なものですが，平易にいえば「やる気」です。①
卓越した基準を設定してそれに挑む，②独自のやり方で達成しようとする，③長期間か
かる達成を期している，の 3 点で定義されています。達成動機には個人差があることは
容易に想像できますが，では，それをどう捉えることができるでしょうか。行動観察や
質問紙では，警戒心や建て前，虚偽などが入ってしまうのでダメですし，達成動機を本
人が意識しているとは限りません。こうした点を考慮して，達成動機が喚起されそうな
絵（図 A）をみせて，そこから思いつく空想物語を自由に作ってもらい，その内容を
分析する手法が使われています。「前から一生懸命に練習していた」「絶対 1 等にと決心
している」「転んだら恥ずかしい」「去年は 2 等だったから今度こそ 1 等に」「家族の応
援に応えたい」「○○君に負けたら悔しい！」「精一杯，頑張るぞ」などなどの話が出ま
す。この中には，上に挙げた 3 つの達成動機の定義に該当するものがいくつかみられま
すね。人によってその数も中身も違うのですが，そこから達成動機／やる気の強さを捉
えようとするのです。

141

図A　達成動機が喚起されそうな写真 (宮本, 1981)

「やる気」の表と裏──達成／成功への志向と失敗回避の志向

ところで，達成動機研究の大家であるアトキンソン（Atkinson, J. W.）は，「やる気」の背後には，達成や成功とは相反する気持が働いていることに注目しました。達成／成功を求める前向きな志向と同時に，失敗を回避／消極的になる傾向です。前述の話の中の「転んだら……」とか「負けたら……」は，失敗を恐れ，それを避けようとの気持の表れです。アトキンソンは，達成動機を「達成・成功志向」と，「失敗回避志向」とのバランスから捉えることを提案しました。失敗を回避する傾向が達成／成功を求める志向を上回るほど強ければ，積極的な達成行動は起こり難いことを考えれば，それはもっともな理論です。

達成動機と親和動機──文化が育む動機の内容

人の達成動機は，単に強いか弱いかだけではなく，達成・成功志向と失敗回避傾向とのバランスが重要だとなりますと，達成動機の質──別な社会的動機，とりわけ「親和動機」──とどのように関連しているかが問題となります。親和動機とは「他人との積極的な感情的関係を確立し，維持し回復するもの」と定義されます。つまり，他者と相和し協調的な関係を求める動機です。ところで，達成動機には他人より優れたことをすること／他人に負けたくないという意識があり，そこには他者と張りあう対抗的な関係が含まれています。つまり，達成動機と親和動機は原理的に相容れない性質を持っている，すなわち負の相関があるようにみえます。しかし，アメリカ人について達成動機と親和動機の両方を測定した研究は，2つの動機に関連がないことを明らかにしています。アトキンソンが行った大学生についての代表的な研究では，達成動機と親和動機の相関はないという結果でした。

この結果に日本の研究者たちは疑問を持ちました。日本人では，達成動機と親和動機は必ずしも無関係ではないのでは，と。代表的な研究者である宮本は，日本の学生の達成動機と親和動機の関係を検討した結果，アメリカの結果とは異なり，両動機間には正の相関があることを見出しています（宮本・加藤，1975：表A・図B）。

この結果は，日本人では達成／成功することと他者と親和的協調的関係を持つことは矛盾せず，むしろ両者は相伴うものであることを示唆しています。このように，相関係

数をみることで、興味深い知見を得ることができます。

ところで、「達成」のことを「意義ある仕事を成し遂げる」という場合、「意義あること」とは厳密にいえば個人ごとに違います。また、社会ごとに異なっていることも容易に想像できるでしょう。そう、何をもって達成とするかは文化の問題です。他者との差や自立が重視されるアメリカでは、他者より抜きん出ることはよいことで、達成動機と親和動機は相反するものとなる可能性があります（実際には、前述のとおり相関なしという結果でしたが）。けれども、自己と他者との境界線を明確にせず、相互依存的関係がよしとされている日本では、自分と不可分に結びついている他者からの期待に応え、その他者の価値を帯して行動する――つまり親和的関係を維持すること――が、すなわち達成の動機になります。日本人では両動機が正の相関を示したという事実は、日本人にとって、達成が他者と競合したり関係を破壊する形ではなく、むしろ共存共栄的なものであることを示しているといえるでしょう。

表A　達成動機と親和動機の相関係数（宮本・加藤，1975）

		親和動機
達成動機	男	.3858**
	女	.3201*

＊$p<.05$, ＊＊$p<.01$, 男62人, 女37人
なお親和動機は図Bのような図版に対して作った物語から測定しています.

父と2人の子どもの朝食の場面

図B　親和動機測定に用いられる図の例（宮本・加藤，1975を模写）

社会化／文化化の結果としての動機づけ

それぞれの社会は、社会のメンバーにどうふるまうべきかの規範を陰に陽に呈示し、その動機や行動を特徴づけています。幼少時のしつけや親の期待はその役割を果たしています。子どもにどのような発達を期待するか――発達期待――には、自己主張と能動性を重視するアメリカ、他との和と従順を重視する日本、という対照があります。日本の母親が（アメリカの母親と違い）子どもに期待する筆頭は、「呼ばれたら、すぐ返事する」「親からいわれたことは聞く」といったことです。これに対してアメリカの母親は、「他の人たちにちゃんと主張できる」「友だちと遊ぶ時、リーダーシップがとれる」などを子どもに強く求めているのです。このような母親の子どもへの期待が、子どもの行動の差――自分の好きなことを能動的にする（自主的選好性）アメリカ、いわれたことを勤勉にコツコツやる（受容的勤勉性）日本という対照――を生む基盤になっていると考えられます。

何のために／なぜ勉強するか——学習動機として，「お母さんが喜ぶから」「がっかり させたくない」といった親の期待に応えるものが日本の子どもに特徴的ですが，これも 親和と達成とが不可分に結合している一例です。

達成志向と達成「回避」——動機とジェンダー

　ところで，達成の陰にあるのは失敗回避だとアメリカで結論されつつあった時，女性 心理学者ホーナー（Horner, M. S.）は，女性では失敗どころか「達成さえ回避する心 理」があることを指摘しました。達成動機をみるために呈示した成功物語——「アンが 医学部を受験し首席で合格した」——に対して，少なからぬ女子学生が1番になること を喜ばず，せいぜい2番でいい／合格すれば上々，との意見を出したのです（Horner, 1972）。彼女たちにとって，首席で難関突破することは成功でも達成でもなく，歓迎す べきことではないのです。多くの人を出し抜いて「女だてらに」1番になると，みんな から敬遠されてしまう，デートも申し込まれなくなる，友だちからも「あなたは別よ」 と避けられてしまうことを懸念してのことなのです。このことは，アメリカでも，女性 が他者との関係を破壊することは望ましくない，それよりも女性には他者と調和的関係 を持ち他者への配慮が求められること，を背景としています。女性に対する社会的規範， つまりジェンダーが女性の達成行動を規定しており，その結果，日本人の場合と同様， アメリカの女性でも，達成が親和的関係と不可分に結びつくことになってしまっている のです。

　達成動機に限らず人の社会的動機は，その強さや質も，社会・文化・ジェンダー・時 代など，人が生をうけ生活する状況の中で特徴づけられ，形成されるものであることが 分かるでしょう。

文献

Atkinson, J. W. (Ed.) (1958). *Motives in fantasy, action and society.* Van Nostrand.
東　洋 (1994). 日本人のしつけと教育——発達の日米比較にもとづいて　東京大学出版会.
東　洋・柏木惠子・ヘス, R. D. (1981). 母親の態度・行動と子どもの知的発達——日米比較研究　東京大学出版会.
ギリガン, C. ／岩男寿美子（監訳）(1986). もうひとつの声——男女の道徳観の違いと女性のアイ デンティティ　川島書店.
Horner, M. S. (1972). Toward an understanding of achievement-related conflict in women. *Journal of Social Issues*, **28**, 157-175.
宮本美沙子 (1981). やる気の心理学　創元社.
宮本美沙子・加藤千佐子 (1975). 達成動機と親和動機との関係について. 日本女子大学紀要（家政 学部), **22**, 23-28.

付　章
心理統計の実際を垣間みる

はじめに

　これまで，平均・標準偏差などの説明，図表の説明から，統計的検定の説明まで，いろいろなことを書いてきました。初めてのことが次々と説明され，ちょっと面食らったかもしれません。こんな声も聞こえてきそうです。「それでは，これまで説明されたことは，実際の論文ではどのように出てくるの？」と。

　ということで，本書の締めくくりに，レポートや卒業論文を書こうとしている人を念頭に「心理学論文に出てくる統計の実際」について説明したいと思います。その際，実際の論文をひとつ取り上げ，本書の各章を振り返りながら，これまでに説明した統計的検定などが実際の論文でどのように書かれているか説明し，心理統計の実際を垣間みたいと思います。

　取り上げる論文は，村井潤一郎（2000）「青年の日常生活における欺瞞」（『性格心理学研究』第9巻，pp.56-57）です。以下の5つの理由から，この論文を題材に選びました。

① 分量が少ない論文であること
　　この論文は『性格心理学研究』（現在は『パーソナリティ研究』に名称変更）に審査を経て掲載されたものですが，雑誌掲載時に見開き2ページしかない短いものです。

② 手に入りやすい論文であること
　　『性格心理学研究』『パーソナリティ研究』の論文は，ウェブで入手可能です。

③ 特に「難しい」分析をしていないこと
　　この論文で用いている分析は，これまで説明してきたことで十分理解可能です。

④ 日常的なテーマを取り上げて平易な記述がしてあること
　　論文のテーマである「うそ」は誰しもがつくものでしょう。人は1日に何回うそをつき，また何回うそをつかれるのでしょうか。

⑤ 著者の1人が，大学院生時代執筆した論文であること
　　駆け出しの頃の作品ですので，拙いところもありますが，あえて呈示した

付　章　心理統計の実際を垣間見る

いと思います。これまで1度も論文を書いたことのない人にとっては，手の届くところにある内容だと思います。

論文──青年の日常生活における欺瞞

まず，全文をほぼそのまま引用します（脚注などは除いてあります。なお以下，この論文を「うそ論文」と略記します）。その後，この論文で用いている統計的手法について，本書を振り返りながら解説していきたいと思います。

問題と目的

　"青年は1日に何回くらいうそをついているのであろうか" "うそだと思う瞬間は1日に何回くらいあるのだろうか"。本研究の目的は，こうした素朴な問いに答えることである。

　我が国では，生理心理学等を除くと，これまで，うそに関する研究は未発達であったが，近年，欺瞞性の認知に関する一連の研究がなされている（村井，1998a，1998b，1999）。しかしながら，そうした認知の基盤となる日常生活における欺瞞の実態については未検討である。そこで本研究では，青年に1週間，日記を携行させるという方法をとり，日常生活において，欺瞞的行動（うそをつくこと）及び欺瞞性の認知（うそだと思うこと）がいかなる様相を呈しているか，という点について検討する。

　DePaulo, Kashy, Kirkendol, Wyer, & Epstein(1996)は，Rochester Interaction Record（RIR）という日記法を用い，日常生活において，1日何回程度うそがつかれているのか，といった点について検討した。その結果，米国の大学生は，1日平均1.96回うそをついていることが分かった（男性1.84回，女性2.04回）。また，うその回数を社会的相互作用（以下"相互作用"と略記）の数で除した場合，相互作用1回に0.31回（＝相互作用3.23回に1回）うそをついていることが分かった（男性0.32回，女性0.30回）。本研究では，この研究手法に従いつつ，うそをつく回数に加えて，"うそだと思う瞬間は1日に何回くらいあるか"といった点についても合わせて検討することとし，日本の青年におけるデータを収集した。

方　　法

　米国の結果と比較することを想定し，基本的には，DePaulo *et al.* （1996）の研究手法を踏襲した。参加者の課題は，1週間，日記（記録用紙）を常に携行し，自分と

147

他者との相互作用の内容を記入すること，及び，その相互作用の中で，自分がうそを
ついた場合の内容・相手がうそをついたと思った場合の内容，等について，できるだ
け早く記入することである。実際には，清書用の日記と，その縮小版である携帯用の
日記（ポケットサイズ）の2つがあり，参加者は後者を携帯し，適宜，清書用の日記
に転記した。携帯用の日記は，記憶の歪曲をできるだけ防ぐためのものであり，転記
する際の手掛かりとなる。

　記録に際しては，言葉の定義が重要となる。"社会的相互作用"とは"10分以上続
く，二人もしくはそれ以上の人の相互的なやりとり"であり，"双方が相手に対して
働きかけをし，相手の働きかけに対して何らかの反応をする"ことである。また，本
研究では，"うそ"とは"意図的に誰かをだまそうとする試み"である。よって，だま
す意図のない"勘違い""皮肉"はうそではなく，だます意図のある"冗談""誇張"
"謙遜"はうそとなる。また，非言語的なものもうそに含まれる。なお，厳密には，
「うそ」とは言語的なものを指すため，ここで言う「うそ」は，むしろ「欺瞞」の意
味内容である（詳しくは，村井（2000）を参照）。

　清書用の日記は，A4判の大きさで，相互作用について記入する部分（日付，開
始・終了時間，……），自分がついたうそについて記入する部分（うその内容，うそ
をついた理由，……），他者がついたうそについて記入する部分（うその内容，うそ
だと思った理由，……）の，3つの部分から成る。参加者は，自分が関与した相互作
用すべてについて記入する。うそをつかなかった，あるいはつかれなかったものにつ
いても記入するが，その場合は相互作用に関する記入のみ行う。1つの相互作用及び
うそにつき，1枚を使用する。

　参加者には，教示後にあらためて参加の意志を確認した。記録の開始後のリタイア
も可能であることを伝え，教示用冊子，日記（清書用，携帯用），謝金を渡した。参
加者には3日目にいったん会い，教示に従っているかどうかのチェック，及び質問を
受けつけた。記録終了後，すなわち8日目に再び会い，事後質問紙への回答等を求め
た。記録済みの日記と事後質問紙については，そのすべてについてID番号を記入し
てもらい，参加者により封筒に密封された。

　参加者に対しては，詳細な教示を行った（平均教示時間は47分）。参加者は大学
生・大学院生24名（男性12名・女性12名）であり，年齢は18～25歳（平均年齢
21歳）であった。

結果と考察
　以下，紙幅の都合上，主な結果についてのみ報告する。まず，相互作用の回数，自

付　章　心理統計の実際を垣間みる

Table 1　1日あたりの平均回数と標準偏差 (括弧内)

	男性	女性
社会的相互作用	4.15 (2.02)	6.54 (1.65)
自分がうそをつく	1.57 (1.11)	1.96 (1.77)
他者をうそだと思う	0.36 (0.44)	0.36 (0.42)

Table 2　社会的相互作用1回あたりのうその回数の平均値と標準偏差 (括弧内)

	男性	女性
自分がうそをつく	0.37 (0.17)	0.32 (0.31)
他者をうそだと思う	0.09 (0.09)	0.05 (0.06)

Table 3　Table 1, Table 2 の修正値

	男性	女性
Table 1		
社会的相互作用	5.27 (2.61)	7.93 (2.51)
自分がうそをつく	2.23 (1.52)	2.46 (2.44)
他者をうそだと思う	0.57 (0.73)	0.55 (0.72)
Table 2		
自分がうそをつく	0.42 (0.19)	0.32 (0.35)
他者をうそだと思う	0.10 (0.11)	0.07 (0.09)

分がついたうその回数，他者についてうそだと思った回数，について（いずれも1日あたりの平均）の結果を男女別に示す（Table 1）。

　男性は1日平均1.57回，女性は1日平均1.96回うそをついていた。これらの値は，先行研究（米国）の結果とほぼ同じである。一方，他者をうそだと思う瞬間は，男女とも，1日に0.36回，つまり3日に1回程度であり，うそをつくことと比較して生起頻度が低い。このギャップが意味するところは，我々はうその多くを検知しないまま日常生活を送っているということであろう。

　ところで，そもそも相互作用の回数が多ければ，それだけうそをつく機会も多くなることを考慮すると，単純に回数だけをみることには問題がある。そこで，先行研究と同様，うその回数を相互作用の数で除した場合の平均値を算出した（Table 2）。

　男性は，相互作用1回に0.37回（＝相互作用2.7回に1回）のうそをつき，女性は，

149

相互作用 1 回に 0.32 回（＝相互作用 3.13 回に 1 回）のうそをついていることになる。これについても米国の結果と類似している。一方，他者をうそだと思う瞬間は，男性では相互作用 1 回に 0.09 回（＝相互作用 11.11 回に 1 回），女性では相互作用 1 回に 0.05 回（＝相互作用 20 回に 1 回）という小さな値であった。ここにおいてもやはり，「うそをつくこと」と「うそだと思うこと」の間にギャップが認められる。我々は，毎日の生活の中で，うそをつき，その一方でつかれたうその多くを見逃しながら，円滑なコミュニケーションを営んでいるのであろう。

　次に，Table 1，Table 2 のすべての平均値について，性差を検討するため t 検定を行ったところ，相互作用の平均回数には有意差が認められた（$t(22) = 3.17$, $p < .01$）が，うそに関してはいずれも有意差は認められなかった。「うその回数」という表層レベルにおいては，性差は検出されないようである。

　なお，日記法を用いた場合，記録漏れが，うその回数を過小評価している可能性がある。そこで，Table 3 に，修正後の回数（事後質問紙で，相互作用，自分のうそ，他者のうそは，各々何％くらい記入できたか尋ねているが，この値を用いて修正を加えたものである）を補足的に示しておいた。

　以上，RIR という日記法を用いることにより，貴重な知見を得ることができた。本邦において RIR を用いた研究は，三宅（1997），牧野・田上（1998）等，わずかである。しかしながら，特に日常性という点に着目する場合，本手法は，様々な心理学研究に有効であると思われる。

引用文献

DePaulo, B. M., Kashy, D. A., Kirkendol, S. E., Wyer, M. M., & Epstein, J. A.　1996　Lying in everyday life. *Journal of Personality and Social Psychology*, **70**, 979-995.

牧野由美子・田上不二夫　1998　主観的幸福感と社会的相互作用の関係　教育心理学研究，**46**，52-57.

三宅邦建　1997　社会的相互作用記録作成の試み：社会的相互作用，孤独感，マキャベリズム．日本社会心理学会第 38 回大会発表論文集，124-125.

村井潤一郎　1998a　話し手と聞き手の関係が発言内容の欺瞞性の認知に及ぼす影響　計量国語学，**21**，162-169.

村井潤一郎　1998b　情報操作理論に基づく発言内容の欺瞞性の分析．心理学研究，**69**，401-407.

村井潤一郎　1999　恋愛関係において発言内容の好意性が欺瞞性の認知に及ぼす影響　心理学研究，**70**，421-426.

付　章　心理統計の実際を垣間みる

村井潤一郎　2000　ウソという言葉——言語的側面へのアプローチ．平　伸二・中山
　誠・桐生正幸・足立浩平（編著）ウソ発見——犯人と記憶のかけらを探して　北大
　路書房，pp. 13-22.

第2章を振り返って

　第2章では，データを図表にすることについて説明しました。うそ論文では
図は用いられていません。表が3つあるのみです。この研究ではサンプルサイ
ズが24と小さいのですが，もしもっと大きかったらヒストグラムを描くなど
してもよいかもしれません。また，自分が1日あたりについたうその回数を横
軸に，他者についてうそだと思った1日あたりの回数を縦軸にし，散布図を描
いてみてその傾向について検討してみるのもよいかもしれません（「自分がうそ
をつく」回数の多い人は，「他者をうそだと思う」回数も多いのか，という点について
調べるために）。ただし，一般的にいって，学術雑誌に掲載される論文には，ヒ
ストグラム，散布図は提示しないことが多いようです。分析の最初の段階にお
いて，ヒストグラムをはじめとするいろいろな図を作成してみることでその後
の分析の指針とし，最終的に論文に掲載するのはその研究の核心を示す重要な
図表のみ，ということが一般的でしょう。学術雑誌では紙幅の制限があるので
図表を何から何まで掲載することはできませんし，たとえ紙幅の制限がない場
合でも，何でもかんでも図表化するのは問題です。どれが重要なものだか，分
からなくなってしまうからです。

　うそ論文のように，論文の「結果と考察」には図表が挿入されますが，図表
はみやすいことが一番です。いろいろな論文をみて，みやすい図表を参考にし
て工夫するとよいでしょう。理想的には，本文を読まなくても図表とその見出
しを追っていくだけで，研究の概要が把握できるとよいと思います。

　なお，次の「第3章を振り返って」にも関係しますが，基本的な情報である
平均と標準偏差については，うそ論文の表のように，「平均（標準偏差）」とし
て，標準偏差を平均の後に括弧書きにして記載することがよくあります。

151

第3章を振り返って

第3章では，代表値・散布度について説明しました。第3章の最後に「平均と標準偏差などは，基本統計量と呼ばれる重要なもので，論文などでは必ずといっていいほど掲載される基本的な情報」と書きましたが，うそ論文でもこれらを掲載しています。代表値の中でも特に平均，散布度の中でも特に標準偏差は，有用な情報ですので，原則記載すべきだと考えて下さい。

第3章では，代表値として平均以外にも最頻値・中央値について，散布度として標準偏差以外にも分散・平均偏差・範囲について説明しました。参考までに，うそ論文ではこれらの指標はどのような値を示すのでしょうか。

まず代表値ですが，うそ論文の場合，最頻値を代表値として用いることは好ましくないでしょう。これは，サンプルサイズの小ささにも起因します。「最も度数が多い値」といっても，男女各々たった12人しかおらず，しかも「自分が1日あたりについたうその回数」，すなわち1週間のうその総数を7で割った数字が，12人の中で一致する方がむしろ珍しいからです。中央値については，以下のようになります（表付-1）。うそ論文の場合，平均と中央値は大きくは異なっていませんが，著しく異なっている場合には，外れ値の存在を疑った方がよいでしょう。もちろん「どの程度大きく異なっていたらまずいのか」について明確な基準はありませんが，同種の先行研究などで結果が出ている場合にはそれが参考になると思います。

次に散布度ですが，分散については表付-2記載の標準偏差の2乗ですので，あらためて言及しなくてもよいかと思います。平均偏差と範囲ですが，表付-2のようになります。

標準偏差と平均偏差とは，ほぼ同じような値を示しています。一方，範囲は比較的大きな値になっています。第3章でも説明したとおり，範囲は「最大値と最小値の差」という単純なものです。つまり，最大値と最小値以外の値は算出に用いられていないというわけです（それに対して，標準偏差も平均偏差も，すべてのデータをフル活用しています）。範囲は，「あくまで，散布度についての大ざっぱなめやすでしかない」（吉田寿夫（1998）『本当にわかりやすいすごく大切な

付　章　心理統計の実際を垣間みる

表付-1　平均（Table 1）と中央値

	男性		女性	
	平均	中央値	平均	中央値
社会的相互作用	4.15	3.57	6.54	6.07
自分がうそをつく	1.57	1.14	1.96	2.00
他者をうそだと思う	0.36	0.21	0.36	0.14

表付-2　標準偏差（Table 1）・平均偏差・範囲

	男性			女性		
	標準偏差	平均偏差	範囲	標準偏差	平均偏差	範囲
社会的相互作用	2.02	1.54	7.29	1.65	1.39	4.86
自分がうそをつく	1.11	0.88	3.14	1.77	1.28	6.14
他者をうそだと思う	0.44	0.33	1.43	0.42	0.36	1.14

ことが書いてあるごく初歩の統計の本』北大路書房）と考えた方がよいでしょう。実際に論文でお目にかかることはあまりないと思います。

　以上，代表値・散布度については，指標によって類似していたり異なっていたりします（当然，データによってその「異なり度」は変わります）。それならば，すべての指標を同時に記載すればよいのではと思われるかもしれませんが，情報が多い分，冗長になってしまうことも事実ですので，やはり普通は，よく用いられる平均・標準偏差のみを記載することが圧倒的に多いのです。

第4章を振り返って

　第4章では，t検定（対応なし・対応あり）について説明しました。うそ論文でも，t検定を行っています。Table 1をみるだけでも，男性がうそをつく回数の平均は1.57回で，女性がうそをつく回数の平均は1.96回で，女性の方が若干多いな，とか，標準偏差は男性1.11，女性1.77で女性の方が若干ばらつきが大きいな，というように性差が分かりますね。そこで，うそをつく回数，男性の平均 = 1.57回，女性の平均 = 1.96回，この差は統計的にはどうなのか，ということが気になります。ここでt検定の出番が来ます。うそ論文の「次に，Table 1，Table 2の……性差は検出されないようである」の部分です。社会

153

表付-3 *t*検定の結果

	男性	女性	*t*検定の結果
社会的相互作用	4.15 (2.02)	6.54 (1.65)	$t(22) = 3.17, p < .01$
自分がうそをつく	1.57 (1.11)	1.96 (1.77)	$t(22) = 0.65, n.s.$
他者をうそだと思う	0.36 (0.44)	0.36 (0.42)	$t(22) = 0.00, n.s.$

的相互作用，自分がうそをつく回数，他者をうそだと思う回数，それぞれについて *t* 検定を行った結果，社会的相互作用においてのみ有意な男女差が認められたということです。*t* 検定の結果については，このように文のみですます（文中に（$t(22) = 3.17, p < .01$）と挿入してあります）こともありますが，表にする場合もあります。例えば，表付-3のように，表の右の方に *t* 値，自由度（*df*），有意差の有無，を表示するのです。「*n.s.*」とあるのは，有意でない（not significant）という意味です。

　うそ論文中の　$t(22) = 3.17, p < .01$　という表現についてちょっと説明しておきます。まず *t* は *t* 値ですね。その後の括弧内の 22 という数字ですが，これは**自由度**というものです。自由度は，対応のない *t* 検定では，「サンプルサイズ − 2」になります。うそ論文では，サンプルサイズが 24 なので，24 − 2 = 22 となります。なお，統計ソフトを用いれば，自由度が出力されることが一般的です。その次の 3.17，これは *t* 値です。$p < .01$ は「1%水準で有意である」ということです。第4章で説明した *t* 検定は，このような形で論文に出てきます。

第5章を振り返って

　第5章では，カイ2乗検定，相関係数について説明しました。うそ論文の場合，「結果と考察」では，実は相関係数も計算することができます。「自分がうそをつく」回数の多い人は，「他者をうそだと思う」回数も多いのでしょうか。この2変数，すなわち「うそをつくこと」と「うそだと思うこと」の関係をみるためには，第5章で説明した相関係数を用いることができます。

　まず，相関係数を男女まとめて計算しますと $r = .496$ になります。さらに *p*

付　章　心理統計の実際を垣間見る

値は 0.014 になりますので，5％水準で有意な相関係数となります（1％水準では
ぎりぎり有意にはならないですね）。約 0.5 のプラスの相関ですから，「中程度の相
関」ということになります。「うそをつくこと」と「うそだと思うこと」との
間には，一方の回数が増えればもう一方の回数も増える，という関係があるよ
うです。これは興味深い知見でしょう。

　しかしここで「男性と女性とでは，相関関係が違うのではないか」と思われ
るかもしれません。さっそく男女別々に相関係数を出してみましょう。すると，
男性では $r = .230$, p 値は 0.472 になり，「弱い相関」です（有意ではありません）。
一方，女性では $r = .703$, p 値は 0.011 になり，「強い相関」です（5％水準で有
意です。なお，この場合も 1％水準ではぎりぎり有意にはならないですね）。このよう
に，男性では関係が弱いが，女性では関係が強い，という結果になりました。
これも興味深い知見といえるでしょう。なぜこのような差があるのか，につい
て考えるのが「考察」です。うそ論文の場合，相関係数を算出すると，データ
の「読み込み」が深まるというわけです。以上，再度分析しなおしたりするこ
とを**再分析**といいます。論文に掲載されている分析結果は，それでもう終了，
ということではないのです。さらなる分析をすることで，考察が深まる場合が
あります。

　以上の相関係数による分析（これを**相関分析**ということもあります）についてひ
とつ注意があります。それは，このデータの場合，男性 12 人，女性 12 人，合
計 24 人と，相関係数を算出するにはサンプルサイズが小さいという点です。
サンプルサイズが小さい場合，例えば男女もう 10 人ずつ追加でデータをとり，
再度相関係数を算出した時には，同じような値の相関係数が得られない可能性
があります。相関係数の値が安定しない，相関係数の値の再現性が定かでない
ということです。

　さて，上記の相関分析の結果を，もし論文に書くとしたら，どのようになる
でしょうか。例えば以下のようになるでしょう。

　「次に，『うそをつくこと』と『うそだと思うこと』の関係を検討するために，
『自分がついたうその回数』と『他者をうそだと思った回数』との相関係数を，
全参加者のデータについて算出した。その結果，$r = .496$ $(p < .05)$ という中

155

程度の相関係数が得られた。さらに同様に，男女ごとに相関係数を算出したところ，男性参加者においては $r = .230$ (*n.s.*) という弱い相関が，女性参加者では $r = .703$ ($p < .05$) という強い相関が認められた。」

　この記述はあくまで一例ですが，このような記述がまずあり，その後にその結果についての考察が続くのです。

　それでは，同じく第5章で説明したカイ2乗検定はどうでしょうか。うそ論文では，このままですとカイ2乗検定は実行しにくいです。ですが，例えばサンプルサイズがもっと大きかったとして，「自分がついたうそ」の「相手」について詳細に分析し，「親に対してうそをついた群」と「親についてうそをつかなかった群」の2群に参加者を分けることができたとします。これが男女でどう違うのか，という点について検討するのであれば，カイ2乗検定になりますね（2×2クロス表を作成したくなるでしょう）。ちなみに，うそ論文のように「うその回数」のみの表層的な分析ではなく，もう一歩踏み込んで，例えば「うその種類別に分析する」といったより深い分析をすることが望ましいでしょう。

論文を振り返って

　うそ論文の「結果と考察」，いかがでしたか。この論文を読めば，「分析は，なにも頑張って "難しい" ことをしなくてもよい」ことが分かると思います。ここでの分析のメインは，平均・標準偏差の算出で，統計的検定は *t* 検定のみです。これでも論文として十分成り立つ，また実証的研究として説得的であることが分かるでしょう。ただし，研究によってはより進んだ分析が適用可能であり，そうすることで有用な知見が導かれる可能性があるなら，当然そうした分析に挑んだ方がよいです。

　以上，うそ論文をもとに，本書で説明したことが実際の論文でどのように出てくるか，について説明しました。本書で学習したことだけでも，ひとまずは論文として成り立つのです。みなさんも，自分の興味あることについてデータを収集し，基本的な分析を通して，統計的分析の楽しさを体験してみましょう。

読書案内

　最後に，本書を読み終わった方に次に読んでいただきたい本を，「ホップ」「ステップ」「ジャンプ」の順に紹介していきます。「ホップ」は，本書の次に読むべき本，「ステップ」はさらにその次，ということです。

　「まえがき」「あとがき」にも書きましたとおり，本書は，心理統計についてまったく何も知らない人を対象に，「心理統計の勉強を始めるにあたり，まずざっと読んでもらい，心理統計への心理的敷居を低くして，次へのステップにするための本」という位置づけで書かれた本ですから，是非以下の本を読んでいってもらいたいと思います。決して本書だけでは終わらないで下さい。

ホップ

・山田剛史・村井潤一郎（2004）．よくわかる心理統計　ミネルヴァ書房．
　　大切な事柄を，分かりやすくかつ正確に記述したつもりです。
・松尾太加志・中村知靖（2002）．誰も教えてくれなかった因子分析──数式が絶対出てこない因子分析入門　北大路書房．
　　卒業研究でしばしば用いられる因子分析について平易な記述がしてあります。
・石井秀宗（2005）．統計分析のここが知りたい──保健・看護・心理・教育系研究のまとめ方　文光堂．
　　実際の研究を想定し，全編初学者にも分かりやすい記述に仕上がっています。

ステップ

・吉田寿夫（1998）．本当にわかりやすいすごく大切なことが書いてあるごく初歩の統計の本　北大路書房．
　　『よくわかる心理統計』よりも若干難しいかもしれませんが，読み応えがあり，心理学研究に対する理解も深めることができます。
・南風原朝和（2002）．心理統計学の基礎──総合的理解のために　有斐閣．
　　多変量解析についても解説され，これまた読み応えがあります。内容的には『本当にわかりやすいすごく大切なことが書いてあるごく初歩の統計の本』よりも難しい

157

かと思いますが，大変重宝する本です。
・石井秀宗（2014）．人間科学のための統計分析──こころに関心があるすべての人のために　医歯薬出版.
　石井（2005）の次に読みたい本。幅広くていねいに説明されています。

ジャンプ

・芝祐順・南風原朝和（1990）．行動科学における統計解析法　東京大学出版会.
・森敏昭・吉田寿夫（編著）（1990）．心理学のためのデータ解析テクニカルブック　北大路書房.
　内容的には，正直難しいと思います。ですが，最初は分からなくても，何度も何度も読み込んでいくのにふさわしい名著です。勉強を続ければ，いつの日か読み返してみて「あ，こういうことだったんだ」と分かる日が来ると思います。このように，「自分の成長のバロメータ」として手元に置いておくのもよいかもしれません。

　繰り返しになりますが，本書で終わらず，少なくとも「ホップ」（できれば「ステップ」）まで進んでいってもらいたいと思います。

その他（ソフトウェアについて）

　本書では，ソフトウェアの出力も掲載していますが，ソフトウェアの使用法については説明していませんので，この点について勉強される場合には，ほかの本をお読みいただければと思います。SAS については，残念ながら，まったくの初学者にやさしいものはあまりないようですが，SPSS については初学者向けの本が多く出版されていますので，お気に入りのものを探されるとよいでしょう。R についてもたくさんの本が出版されていますが，入門書として下記の本を挙げておきます。

・山田剛史・杉澤武俊・村井潤一郎（2008）．R によるやさしい統計学　オーム社.
　初学者にもやさしい記述がなされています。
・村井潤一郎（2013）．はじめての R──ごく初歩の操作から統計解析の導入まで　北大路書房.
　書名の通り，初めて R にふれる人のための本です。『R によるやさしい統計学』よりも，さらに入門的な内容になっています。

あとがき

　筆者の一人，村井は，以前，山田剛史氏とともに『よくわかる心理統計』を上梓しました。同書は，「きちんと」かつ「分かりやすく」説明することを目指したものです。しかし，そうであるがゆえに，まったく初めて学ぶ方にとっては，どうしても難しいと感じる箇所が出てきてしまっているのかもしれません。例えば，「標本分布」といった概念は，「きちんと」かつ「分かりやすく」説明しようとすると，多くのページ数が必要になってしまいます。ある方からも，「あれでも分からない。もっと分かりやすく書いてよ」といわれたことがあります。

　そこで，まったく初めて学ぶ方が，『よくわかる心理統計』のような入門書を読み始めるのに先立ち，まず準備体操として読んでおくとよい「入門的読み物」を書いてみようと思いました。それが本書『ウォームアップ心理統計』です。主として心理統計について何も学んだことのない人を対象に，「心理統計の勉強を始めるにあたり，まずざっと読んでもらい，心理統計への心理的敷居を低くして，次へのステップにするための本」という位置づけで書かれた本です。今後統計について勉強していくための，「先行オーガナイザー」として機能してくれたらと思っています。

　「入門的読み物」ですから，『よくわかる心理統計』のように，重要な概念を妥協なく説明することはしていません。決して網羅的な本ではありませんが，「次につながるように」ということを主目的に，「さらっと読み通すことのできる心理統計の本」を目指しました。とにかく，一冊の読み物として，テンポよく読み通してもらえるよう記述の流れに工夫しました。

　統計の入門書は，本当に多くのものが出版されています。「よく分かる」「すぐ分かる」「かんたんな」といった言葉を冠した書籍がおびただしい数，出ています。これはとりもなおさず，統計の理解がいかに困難かということを示しているでしょう。統計の入門書はいかにあるべきか——これについては，人に

よっていろいろな立場があると思います。統計の専門家の先生が執筆した「入門書」は，（ものにもよりますが）数式がいろいろと出てきます。それが，心理統計を初めて学ぶ方の脅威になっていることは事実でしょう。ですが，そうした「入門書」を，分からないなら分からないなりに頑張って読みこなそうという姿勢，そうした姿勢こそが真の統計理解につながるのではないかと思います。その一方で，「数式が出てくる→分からない→素人にも分かりやすく書いてくれ」といういい分にも納得がいきます。

　現実に目を向けてみましょう。毎年，大学の新入生オリエンテーションなどで，心理学科に入学してくる学生に「入学後の大学生活で何か不安なことはありますか」と聞きますと，「心理学には統計が必要と聞きました。自分は数学が苦手ですが，とても不安です」という意見が必ずといってよいほど出ます。統計に対する「恐怖心」が最初の段階から相当大きいことがうかがえます。ですから，「学び始めの人に対して，統計に対する水路付けをする」ような本は意味あるのではないかと思います。例を挙げましょう。初めてのスキーで，まずゲレンデの下の方で，雪とたわむれたりしながら軽く滑ってみて，その後にリフトに乗って滑り始める，ということを考えてみます。本書を読むということは，いわば「リフトに乗る前の準備作業」だと考えて下さい。とはいっても，本格的にゲレンデに出た時のことも考えて執筆しているつもりです。しかし，「ここは重要だけれども，説明するとかえって分かりにくくなる点」などは，思い切って説明していません（こういう点は多数あります）。ですから，本書を読む際に一番気をつけていただきたいことは，「本書で終わらないでほしい」ということです。「最初にざっと読めるように」ということを最優先してありますから，重要なことをいろいろと省略しています。巻末の読書案内のとおり，「ホップ」「ステップ」「ジャンプ」と進んでいってもらいたいと思います。

　統計の本には，それぞれ固有の目的があります。本書の目的はこれまでに書いたとおりです。本来なら，きちんと説明するべきなのです。この「きちんとした説明」については『よくわかる心理統計』で実現したつもりです。ですが現実に目を向けると，授業時間数が足りないという教員の切実な悩み，『よくわかる心理統計』でも分からない人がいて，統計がとにかくいやでたまらない

人がいて，といった現状があるのです。そうした状況を鑑み，本書を世に送り出します。これ一冊でOKなんていう本はありません。適切な比喩かどうか分かりませんが，ロケットを打ち上げる時，打ち上げ後しばらくして燃料タンクが切り離されますよね。本書は，あの燃料タンクのように，まずは打ち上げの動力として機能してほしいと思っています。統計の専門家の皆さんは本書のコンセプトについて批判的に思われるかもしれませんが，拙いながらも心理統計教育に携わり，学生の現状を肌で感じてきた一人として書き上げました。読者の皆さんからの率直なご意見を賜りたいと思っております。**(村井潤一郎)**

　いったい，人間の心を理解する心理学で，統計がなぜ必要なのでしょうか。また，数学的な分析やコンピュータを使ったデータ処理は，心理学の研究にどのように役に立つのでしょうか。それは，心理学が実証科学であることと関係しています。また，学問や専攻を，大学でも研究の上でも文系／理系とはっきりと分けてしまっている過ちとも関係しています。実際の問題は文理いずれかに分かれるものではなく，両者は不可分にまたがっています。そうしないと真実に迫れないし，問題の解決にならないどころか，かえって問題を大きく残すことになります。

　物理学の進展は，核利用という戦争にも環境破壊にもつながるものです。そこで，物理学内部の研究だけに終始していては人類社会の将来や人々の幸福が懸念されることになる。このことは原爆の体験から人々が学んだことです。また，医学部教育で，優秀な学生が医学の先端の知識や技術の習得に終始することで，とかく患者さんや家族の心の痛みに鈍感となり，「病気は診る」が「病人は見ない」という状況，俗に「ドクハラ」といわれる現象をもたらしたことは最近とみに反省されているところです。同じく医学の分野で，近年の先端生殖医療の急速な進展が生命倫理の問題に発展していることも周知の事実でしょう。

　心理学は人の心の診断やその病の治療に携わるものですから，それだけに個人の主観や解釈でことを進めるのは危険です。とかく偏りがちな主観や価値に依存することを排して，できるだけ客観的に公平にみることが大事。そのため

161

にデータに基づいて問題を理解したり人の性格や能力などを診断することが必要となってきます。そうなりますと，データをどう整理するか，またどう読みとるかは大変重要な課題となります。「心理統計」「心理測定」「データ解析」などは，そのために必要な手段なのです。本書は，こうした科目を「心理学を学ぶにはやらなきゃいけないみたいだからいやいや勉強する」とか，「なぜ必要なのか分からずにとりあえず鵜呑みにする」といったことはやめて，統計は「やっぱり必要だ」「本当に大事だ」「結構役に立つ」と実感していただき，数値や統計とうまくつきあうようになるためのガイド役です。

　心理学を学ぼうという学生はここ 20 年来，年々増え続け，今日ではほとんどの大学に心理学関係の学科があるほどです（名称は人間学科だったり行動科学科だったりいろいろですが）。ところで，心理学進学者は人の心について知りたい，自分のことを理解したい，さらに心の問題に関連した仕事をしたいなど，人間の心についての関心が強いからでしょうか，文系的な関心と能力が強いのが特徴だと思います。なぜなら，日本では高校の早い時期に進路を決め，文系／理系で分化した勉強をするのが常ですが，心理学関連の学科は一般に文系の学部に置かれているからです。

　こうして心理学科に入学してきた「文系に強い」学生の中には，心理統計の類いの科目が必修で置かれていて，驚く，戸惑う，中にはショックを受ける方がいるのが現状でしょう。興味ある心理学を学びたい，なのにその前に立ちはだかる壁，それを乗り越えるのは大変！　と。

　このようなことは，心理学がまだそれほど人気のなかった時にはみられませんでした。心理学ブームの高まりと大学の大衆化の進展（さらに上記のような教育における文系／理系の分裂など）とともにあらわになってきたと，長年の経験から実感しています。ともあれ，せっかく心理学を学びたいと志す学生たちに，「心理学とは単に省察を深めることで人間理解をするのではありません。実証的研究法による学問ですから，実証データを客観的に分析したり正確に読み取ることは必須です。だから統計学さらにコンピュータ手法などが心理学を専攻する学生の必修となっているのです」といった説明は，現実には説得力を持たないのではないでしょうか。「頭では分かった，そう，必修だから勉強す

あとがき

る／した」にとどまり，その勉強は鵜呑みになりがちで，心理統計が実践力になっていないと感じています。

それをなんとかしたい，心理学への意欲をそぎかねない心理統計という壁への「高い」「越え難い」との主観的感覚を払拭したい，とかねがね痛感してきました。そのためには，「分かる統計」（とうたった本）でも依然として納得できないことを，日常的体験に照らし具体例を挙げて説明する，それが心理統計の勉強に自然に入っていくことにつながる，これこそが最善とこれまでの教育体験から考えました。このような私たちの体験に基づいて工夫した本書は，心理統計に関する「入門の入門」とでもいえるものです。

たくさんの心理統計の本がある中で，本書のコンセプトに統計の専門家の中には違和感を持つ方もいらっしゃるかもしれません。しかし，心理統計を初めて学ぶ方に「さらっと読み通せる心理統計の入門書」というものが必要，との私どもの意図と工夫について，率直な反応をうかがわせていただきたいと願っています。**（柏木恵子）**

謝　辞

　本書は，両著者の協同作業によって作られました。本の構成はまず柏木が作成して，それに対し村井が修正を加えて決定し，本文については村井が最初のドラフトを作成して柏木が読んで修正・補足などを行って村井に返し，修正ドラフトを再度柏木が読む，という往復をして作られました（章末のエッセイは柏木の手によるものです）。その間，田矢幸江さんから，学生の立場に立って記述や説明の適切さについて具体的な注文を頂き，それを修正作業中に反映しました。田矢さんには，本書中に掲載されている図表の作成，SPSS の出力，本のレイアウトに至るまで，細かな作業にお力添え頂きました。その間の細やかな配慮，工夫などに深く感謝しています。また，東京大学出版会の後藤健介氏・小室まどか氏には，本書の企画を評価して頂き，本書作成中様々な形で応援して頂きました。これは大変有り難く，心強いことでした。厚く御礼申し上げます。

　最後に，本書の草稿について，東京大学大学院教育学研究科の南風原朝和先生から有益なコメントを賜りました。記して感謝申し上げます。

索　引

あ行

R　83, 92
α　95
因果関係　46
SPSS　83, 90
F検定　83
F値　85

か行

階級　37
階級値　37
カイ2乗検定　120
カイ2乗値　122, 126
仮説検定　→統計的検定
頑健性　91
間接証明法　81
観測度数　117
関連のある標本　→対応のあるデータ
関連のない標本　→対応のないデータ
期待度数　125
基本統計量　71
帰無仮説　82
逆転項目　4
行　29
共分散　133
クロス集計表　117
クロス表　→クロス集計表
群間平方和　102

群内平方和　103

限界水準　→有意確率
検定　→統計的検定
検定統計量　82
検定力　137
検定力分析　137
交互作用　106
個人差　24

さ行

最頻値　56
再分析　153
SAS　83
算術平均　61
散布図　42
散布度　52, 61
サンプル　12
サンプルサイズ　12
事前事後データ　97
質的変数　30
質問紙法　28
尺度　→心理尺度
自由度　92, 152
周辺度数　117
循環小数　79
条件付き確率　139
心理尺度　8
水準　101
数値要約　52

165

絶対値　65
z 得点　66, 68
セル　117
全体平方和　102
全平均　101
相関　115
相関係数　128
相関図　→散布図
相関分析　153
相対度数　35
総度数　35, 117
ソート　33
素点　69

た行————————

第 1 種の誤り　95
対応のある t 検定　98
対応のあるデータ　97
対応のない t 検定　88
対応のないデータ　97
第 2 種の誤り　95
代表値　52, 55
対立仮説　82
中央値　58
直接証明法　81
対になった標本　→対応のあるデータ
t 検定　83
t 値　89
抵抗性　58, 59, 66
天井効果　9
統計的仮説検定　→統計的検定
統計的検定　14, 78
独立な標本　→対応のないデータ
度数　34

度数分布表　34

な行————————

2 × 2 クロス表　117
二元配置の分散分析　→2 要因の分散分析
2 要因の分散分析　106

は行————————

背理法　78
外れ値　59
範囲　65
ピアソンの積率相関係数　128
p 値　85
ヒストグラム　36
標準化　69
標準得点　69
標準偏差　14, 52, 63
評定法　5
標本　→サンプル
標本の大きさ　→サンプルサイズ
比率　35
分散　62
　——の等質性の検定　85
分散分析　101
平均　13
　——からの偏差　61
平均平方　103
平均偏差　65
平方和の分解　103
β　95
偏差　→平均からの偏差
偏差値　66, 70
変数　29
棒グラフ　36

166

索　引

母集団　　12

ま行

無作為配置　　82
無作為割付　　→無作為配置
無理数　　79
メディアン　　→中央値
モード　　→最頻値

や行

有意　　86
有意確率　　85
有意傾向　　88
有意水準　　87
有意性検定　　→統計的検定

有理数　　79
床効果　　10
要因　　101
要約統計量　　52

ら行

離散変数　　31
量的変数　　30
Levene の検定　　91
列　　29
連関　　115
連関表　　→クロス集計表
レンジ　　65
連続変数　　31

167

〈著者紹介〉

村井 潤一郎（むらい・じゅんいちろう）

1971 年　東京都生まれ
1994 年　東京大学教育学部教育心理学科卒業
2001 年　東京大学大学院教育学研究科博士後期課程
　　　　　単位取得満期退学
2004 年　博士（教育学），東京大学
現　在　文京学院大学人間学部教授
主　著　『よくわかる心理統計』（共著，ミネルヴァ
　　　　　書房，2004）
　　　　　『Progress & Application 心理学研究法』
　　　　　（サイエンス社，2012）
　　　　　『嘘の心理学』（ナカニシヤ出版，2013）
　　　　　『はじめての R』（北大路書房，2013）
　　　　　『心理学の視点』（サイエンス社，2015）
　　　　　ほか

柏木 惠子（かしわぎ・けいこ）

1932 年　千葉県生まれ
1955 年　東京女子大学文理学部心理学科卒業
1960 年　東京大学大学院人文科学研究科博士課程単
　　　　　位取得満期退学
1987 年　教育学博士，東京大学
現　在　東京女子大学名誉教授
主　著　『子どもという価値』（中央公論社，2001）
　　　　　『家族心理学』（東京大学出版会，2003）
　　　　　『日本の男性の心理学』（共編，有斐閣，
　　　　　2008）
　　　　　『おとなが育つ条件』（岩波書店，2013）
　　　　　『新装版　子どもの「自己」の発達』（東京
　　　　　大学出版会，2015）
　　　　　ほか

ウォームアップ心理統計［補訂版］

2008 年 3 月 25 日　初　版第 1 刷
2018 年 9 月 14 日　補訂版第 1 刷
2022 年 4 月 25 日　補訂版第 2 刷

［検印廃止］

著　者　村井潤一郎・柏木惠子

発行所　一般財団法人　東京大学出版会

代表者　吉見俊哉

153-0041 東京都目黒区駒場 4-5-29
http://www.utp.or.jp/
電話 03-6407-1069　Fax 03-6407-1991
振替 00160-6-59964

印刷所　新日本印刷株式会社
製本所　誠製本株式会社

ⓒ 2018 Jun'ichiro Murai and Keiko Kashiwagi
ISBN 978-4-13-012114-9　Printed in Japan

JCOPY ＜出版者著作権管理機構 委託出版物＞

本書の無断複写は著作権法上での例外を除き禁じられています．複写される場合は，
そのつど事前に，出版者著作権管理機構（電話 03-5244-5088, FAX 03-5244-5089,
e-mail: info@jcopy.or.jp）の許諾を得てください．

心理学　第5版

鹿取廣人・杉本敏夫・鳥居修晃 ［編］　A5判・384頁・2400円

心理学の全体を見通し，体系立てて学べる定番テキスト。進展めざましい分野については，新たな執筆者を迎え，さらに補強。概要をつかみたい初学者から，ポイントを押さえて復習したい大学院受験者まで，幅広いニーズに対応。

心理学研究法入門──調査・実験から実践まで

南風原朝和・市川伸一・下山晴彦 ［編］　A5判・256頁・2800円

仮説生成のための質的研究法，教育・臨床現場での実践研究など，心理学研究の新しい展開から，仮説検証や統計法の適用に関する方法論的問題まで論じた本格的入門書。研究計画，論文執筆，学会発表，研究倫理についても具体的に説く。

メタ分析入門──心理・教育研究の系統的レビューのために

山田剛史・井上俊哉 ［編］　A5判・272頁・3200円

心理療法や，医学，教育実践の効果研究など，行動科学に必須の研究方法となったメタ分析。その基本的発想，方法，最前線までをていねいに解説。

行動科学における統計解析法

芝　祐順・南風原朝和　A5判・300頁・3000円

統計解析法用のプログラム・パッケージを正しく利用するために必要な統計学の基礎概念及び方法とは。心理学・教育学・社会学など行動科学のためのテキスト。

基礎統計学I　統計学入門

東京大学教養学部統計学教室 ［編］　A5判・320頁・2800円

文科と理科両方の学生のために，統計的なものの考え方の基礎をやさしく解説。豊富な実例を用い，図表を多くとり入れつつ，統計学の体系的知識を与える。

基礎統計学II　人文・社会科学の統計学

東京大学教養学部統計学教室 ［編］　A5判・416頁・2900円

われわれの生活や社会と直接・間接にかかわりをもつ分野で用いられている統計的方法の基礎から応用までを，具体例に即して分かりやすく解説。

ここに表示された価格は本体価格です。ご購入の
際には消費税が加算されますのでご了承ください。